故事里的中国历史

隋唐故事

林力平 著

吉林出版集团股份有限公司

版权所有　侵权必究

图书在版编目（CIP）数据

隋唐故事 / 林力平著 . -- 长春：吉林出版集团股份有限公司，2023.6
（故事里的中国历史）
ISBN 978-7-5731-2667-2

Ⅰ . ①隋… Ⅱ . ①林… Ⅲ . ①中国历史－隋唐时代－青少年读物 Ⅳ . ① K240.9

中国国家版本馆 CIP 数据核字（2023）第 096221 号

SUI TANG GUSHI
隋唐故事

著　　者：林力平	绘　　图：冯　戈　高国飞
出版策划：崔文辉	装帧设计：观止堂_未　氓
项目统筹：郝秋月	责任编辑：孙　瑶　徐巧智
选题策划：赵晓星	

出　　版　吉林出版集团股份有限公司
　　　　　　（长春市福祉大路5788号，邮政编码：130118）
发　　行　吉林出版集团译文图书经营有限公司
　　　　　　（http://shop34896900.taobao.com）
电　　话　总编办 0431-81629909　营销部 0431-81629880/81629881
印　　刷　长春新华印刷集团有限公司

开　　本　170mm×240mm　1/16
印　　张　18.5
字　　数　220千
印　　数　1-10000
版　　次　2023年6月第1版
印　　次　2023年6月第1次印刷
书　　号　ISBN 978-7-5731-2667-2
定　　价　39.80元

（印装错误请与承印厂联系　电话：0431-86059088）

序

我和林力平先生相识已有近三十年的时间了。他待人宽厚，处事随和，给我留下了深刻的印象。相识不久，我得知林先生的祖父就是著名的教育家、历史学家、文字学家林汉达，其家学渊源有自。如今欣闻林老长孙林力平薪火相传，爷孙共著历史故事，真是一大幸事。

记得我在很小的时候，就拜读过林老撰写的《东周列国故事新编》《前后汉故事新编》及《中国历史故事集》，虽然由于年少，尚未从事专职历史研究工作，然而从书里了解到许多历史常识，受益颇深。林老的著作深入浅出，通俗易懂，的确是非常有趣的少儿读物；而林老的大家风范，更是给我留下了深刻印象。

转眼半个世纪过去了，林老的著作在今天仍然有着广泛而深远的影响，是弘扬中华优秀传统文化极好的教材。几年来，林力平先生秉承林老的遗志，事必躬亲，继承和发扬了前辈的治学精神，将这套中国历史故事加以改写和续写，夜以继日地完成了祖父生前的遗愿，洋洋洒洒近80万字，堪称巨制，为广大青少年读者朋友献上了崭新的篇章，也是对林汉达老前辈最好的纪念。

作者在书中娴熟地运用通俗化的语言文字，将千古兴亡的历史故事娓娓道来。读来情趣盎然，新意迭出，颇显家学风骨。书中对主要事件梳理清晰，衔接有序；对人物描绘生动，刻画细腻。清晰明快的语言，将历史人物的心理刻画得惟妙惟肖。文中对话声情并茂，呼之欲出，与人物形象浑然一体；夹叙夹议的写作手法，犹见在理性的思辨中，以饱含人性的笔墨再现千年青史，如同一幕幕的动态影像，呈现在读者面前。

吉林出版集团在林汉达《中国历史故事集》的基础上，融入林力平先生续写的相关部分，将这部中国历史从先秦时期一直讲到清朝末年。这项举措，彰显了出版单位的睿智与魄力。我曾经自拟一副对联："千秋功过评非易；万般学问治史难。"

衷心期盼林力平先生续写完成的《故事里的中国历史》，能够让更多的青少年朋友了解祖国的历史，洞察人类社会发展的大趋势。

北京市社科院历史研究所研究员　王岗

于 2022 年 10 月 30 日

自序

爷爷林汉达生于1900年，是中国著名的教育家、历史学家、语言学家、文字学家和翻译家，曾任燕京大学教授、教务长，中华人民共和国教育部副部长。爷爷生前一直从事教育工作、通俗历史读物写作和中国文字改革工作，是语文现代化的倡导者和推动者。

从上世纪五六十年代起，他开始致力于用通俗化的现代汉语撰写中国历史故事。自20世纪60年代起，陆续出版了《东周列国故事新编》《前后汉故事新编》《三国故事新编》《中国历史故事集》《上下五千年》等作品。爷爷写的这些历史故事文风幽默，通俗易懂，囊括了从我国春秋、战国、西汉、东汉一直到三国末期上千年发生的历史故事，成为我国最早使用通俗语言讲述真实历史故事的开山鼻祖，至今读来脍炙人口，成为千家万户书架上的必备书目。半个多世纪以来，这些作品伴随着一代代青少年的成长，深受广大读者朋友们的喜爱。

祖孙之情，不忘教诲——

我是爷爷的长孙，从小就和爷爷奶奶共同生活在北京西单辟才胡同的一所小院里。记得上小学时，我做完功课就常推开爷爷书房的门，站在他对面按着书桌，调皮地轻声念着爷爷刚写出来的每一个字。他总是从老花镜后面抬眼看我一下，之后继续写他的书。窗明几净的书房里，宁静得只有钢笔尖在稿纸上沙沙作响的声音。

记得上五年级高小毕业班时，有一次放学后，我在爷爷的书桌前站着看他写作良久，就想溜到小院里去玩儿一会儿，谁知刚一挪步，爷爷却开口了："先别走，今天帮我做点儿活儿。"我一听爷爷给我下任务，不禁兴奋起来，接着开始按照爷爷的要求，标注书中一些汉字的拼音，誊写一两页爷爷刚刚修改过的手稿，然后用普通话的发音朗读给他听。

从小学到中学，秉承爷爷的谆谆教诲，我至今仍清晰地记得，他给我在语文学习上确定的方向，即"通俗化、口语化、规范化"。这对我一生的学习和写作影响巨大。作为爷爷身边的长孙，我比较熟悉他的行文笔触、用语习惯，并且有幸经常得到他老人家的悉心指导，受益匪浅。

记得上中学时，有一天爷爷把我拉到他身边，语重心长地对我说："我身体已经不如从前了，希望你将来能够继承我的事业，把我没有写完的历史故事续写完成。"我含着泪听完了爷爷的这番话，默默地点了点头。1972年7月26日，爷爷不幸病逝，享年72岁，我那年才18岁。

继承发扬，薪火相传——

时隔半个世纪，爷爷的这番话时常在耳边响起，只因多年来忙于策划和主持全国艺术创作研讨会的工作，遂将续写林汉达历史故事的任务放在了心中一角。光阴荏苒，转眼到了退休年龄，强烈的使命感促使我重温爷爷生前写下的长篇历史故事丛书。

2020年元旦刚过，欣逢吉林出版集团的赵晓星老师来访，寒暄须臾，在茶香氤氲中，我们很快谈到如何续写林汉达的中国历史故事的话题。在数年之前，她曾在电话里与我谈及此事，那时我忙于工作，觉得这是一件令人憧憬而遥远的事情。如今我们越聊越觉得这件事情意义重大，而且迫在眉睫。

听晓星老师讲，她在学生时代就读过林汉达写的历史故事，从事专业出版工作后，她出版的第一套书也是中国历史故事，可见其心系国史，情有独钟。她希望我能够续写三国以后的历史故事，直至清末。这与我素来的心愿不谋而合，我终于有了一个实现爷爷嘱托的良好契机。能够沿着爷爷的思维脉络，俯身在他老人家辛勤耕耘的禾田里培土育苗，去开垦新的处女地，去拓展新的历史篇章，成为我的光荣使命。

我们决定新编一套《故事里的中国历史》，包括《春秋故事》《战国故事》（改编自中华书局出版的《东周列国故事新编》），《西汉故事》《东汉故事》（改编自中华书局出版的《前后汉故事新编》），《三国故事》（改编自上海少儿出版社出版的《三国故事新编》），以及由我续写的《两晋南北朝故事》《隋唐故事》《宋元故事》《明朝故事》《清朝故事》，前后相加共十册，同时出版发行，以飨读者。

由于工作量巨大，前四本交由吉林出版集团相关编辑进行改编，再交由我审校。第五本《三国故事》由我来改编。随后，我将爷爷撰写的《三国故事新编》原稿反复通读，根据历史人物的主次、事件的大小，以及对后世影响的轻重来悉心衡量比对，由此勾勒出主体框架，再精心挑选出人物与事件相对重要的部分，进行了前后文有机的联结与凝缩合并，以突出主线的叙事连贯性。

为了承前启后，方便读者阅读，按照爷爷生前的嘱托，运用通俗化的语言，在缩写与改编的过程中，我做到了三个方面的注重：

一、在尊重真实历史事件的基础上，注重对历史人物形象的描写，尤其对人物内心产生的复杂情感进行细致的分析与推敲，旨在多视角地呈现各类人物的性格特征，使历史人物较为客观地走向各自不同的命运，并通过运用一些蒙太奇的时空叙事方法，以方便读者全方位地审视理解和阅读品鉴。

二、对于不同人物的形象塑造，注重设计生动的语言对话来进行描述，从而突出不同人物的性格特征和个性差异，力求声情并茂、呼之欲出。此外，对一些主要战事以电影般的动态描述，再现了兵戎相见的冷兵器时代各种激烈的战斗场景，使故事中的人物跃然纸上、栩栩如生。

三、运用国粹韵辙知识，注重行文的流畅性与对仗的工整性。同时，将古代官文书信中的文言辞藻，运用相对通俗化的阐释，将士族与大众在语言方面存在的差异，通过采用不同层面的语汇来进行表达，以体现故事中特定人物的真实性。

夜以继日，事必躬亲——

缩写爷爷的原稿，是一件极具挑战性的事情。我十分慎重地对照着爷爷的原著，逐字逐句地进行通读和精选篇章，以点带面地将人物和事件进行有序串接，做到既有铺陈又有重点；对前后章节的叙述，在注重故事衔接的基础上，去枝除蔓，以突出主线。当我夜以继日地默读着爷爷的原稿，字里行间，他老人家的言谈话语、音容笑貌，仿佛历历在目。

将爷爷的书稿保持通俗化的特有风格，继承和发扬老少皆宜、通俗易懂的大众化语言，使真实的故事让读者能够朗朗上口，是本书创作的宗旨。为了适应新世纪读者的阅读方式和语言习惯，酌情采用了一些新词汇和新语境的表述方法；对现今已不常用的表达方式，亦酌情做了必要的调整。

通过三个月的努力，我将爷爷的120章、50万字的三国故事原稿，改编缩写成60章，13万字。接着进行后五册续写续编的工作，在此期间，我悉数浏览、翻阅参考了各经典史书里的记载，通过反复鉴别，仍然采用缩写林汉达《三国故事新编》的原则和方法，将艰涩、冗长而繁杂的历史事件甄选出重点，并始终遵循以略带京味儿的通俗化语言来进行表述，在避繁就简的故事叙述中，力求描述得真实准确。

为了拓展读者的视野，满足多元的阅读需求，在一些篇章里，我还加入了一些有关文化艺术、科技方面的故事，旨在让读者了解不同历史时期科技文化的发展成果。与此同时，按照爷爷生前在语言上提倡的"三化"要求，力求做到朴实无华、通达明快。

手绘插图，相得益彰——

该套历史故事的插图，由美术功底深厚的名家绘制，形象生动、造型准确、人物传神，惟妙惟肖地体现了书中故事的主题，以图文并茂的形式呈现在读者面前，使读者尽享绘画艺术的陶冶，领略名家插图的风采。

作者期待，明鉴历史——

通过广泛阅读史料，融会贯通，加工提炼，为此笔耕不辍，历时近三年之久。今天，这套新出版的《故事里的中国历史》

终于要面世了。为此，衷心感谢广大读者朋友们的殷切期待！感谢出版单位全体团队的精诚合作！感谢业界名家们的大力支持和热情的鼓励！

在此，由衷地期待广大青少年和各界朋友，能够喜欢这套真实而有趣的历史读物。其中娓娓道来的一个个小故事，如同隐藏在一个巨大的历史宝库里，等待着您来认识发掘，借此梳理千秋，在洞察历史发展的规律中，悉心品鉴那些值得回味的人和事。

2022 年 11 月 18 日　于北京

第十六章	文成公主	〇九一
第十七章	一代药王	〇九八
第十八章	扼杀千金	一〇四
第十九章	请君入瓮	一一〇
第二十章	一代名相	一一八
第二十一章	李显之死	一二三
第二十二章	太平公主	一三〇
第二十三章	南山可移	一三七
第二十四章	开元盛世	一四三
第二十五章	姚崇灭蝗	一四九
第二十六章	口蜜腹剑	一五六
第二十七章	羞花贵妃	一六二
第二十八章	鉴真东渡	一六七
第二十九章	「诗仙」李白	一七三
第三十章	「诗圣」杜甫	一八〇

目 录

第一章	法不恕子	001
第二章	秉公大臣	008
第三章	弑父夺位	013
第四章	江都巡游	018
第五章	牛角挂书	023
第六章	瓦岗起义	029
第七章	建立大唐	035
第八章	单鞭救主	041
第九章	玄武之变	047
第十章	夜袭阴山	054
第十一章	贞观之治	061
第十二章	犯颜直谏	067
第十三章	布衣宰相	073
第十四章	一代贤后	079
第十五章	玄奘取经	085

第三十一章 安史之乱 一八七

第三十二章 固守睢阳 一九五

第三十三章 誓死如归 二〇二

第三十四章 乱世豪杰 二〇八

第三十五章 醉打金枝 二一五

第三十六章 临危不惧 二二一

第三十七章 永贞革新 二二七

第三十八章 夜袭蔡州 二三三

第三十九章 新乐府运动 二四〇

第四十章 甘露之变 二四六

第四十一章 朋党相争 二五二

第四十二章 会昌法难 二五八

第四十三章 口吃皇帝 二六三

第四十四章 金甲满城 二六九

第四十五章 唐朝灭亡 二七五

第一章 法不怨子

公元578年，北周武帝宇文邕（yōng）率军分五路讨伐突厥，不料还没出发就病死了，年仅三十六岁，谥号武皇帝，庙号高祖。继位的周宣帝是个荒淫无道的君主，他竟然在宫中先后立了五位皇后，整日饮酒作乐，根本不理朝政，最后病入膏肓，不治身亡。嗣位的周静帝是个八岁的小孩子，吃喝拉撒还得靠人伺候呢，哪里会明白朝政是怎么一回事呢？

于是众臣一致推崇杨坚为丞相，辅佐静帝。杨坚的父亲杨忠曾经是西魏和北周的贵族，北周武帝时期的柱国大将军，封为隋国公，贵族出身的杨坚，自然就承袭了他父亲的爵位。

杨坚的妻子独孤（独孤是姓）氏也是北周重

臣的女儿，独孤氏的姐姐是北周明帝的皇后，这样杨坚跟皇帝就有了亲戚关系。他的女儿杨丽华生得端庄秀丽，被周武帝选中为太子妃，就是后来周宣帝的皇后。于是杨坚成了名副其实的皇亲国戚。

如今，当上宰相的杨坚，已经羽翼丰满，权倾朝野。他在扫清了北周的残余势力后，看到时机成熟，于公元581年二月，就废掉了这个静帝娃娃，自己坐上了皇帝的宝座，定国号为隋，这就是隋朝的开国皇帝——隋文帝。

杨坚称帝后，心里很不踏实，总觉得这皇位来得太容易，生怕别人不服，因此天刚亮，他就上朝听政，朝臣们也不敢松懈，生怕比皇上到得晚，每日早早地候在庭前。隋文帝吸取了南朝陈后主灭亡的教训，反对铺张浪费，提倡勤俭节约，认为追求荒淫奢侈，一定会毁掉江山社稷。于是他一即位，就以身作则，每餐饭只上一个荤菜，绝不铺张。在他的影响下，达官士人做衣服都不敢再用绸缎，只用普通的麻布面料来制作，就连官袍上的花纹装饰，也绝不再用金丝银线。

文帝的节俭作风，带动了文武百官，却没能够带动他的儿子杨俊。这位公子哥儿自认为是皇子，出手十分阔绰。在他的眼里，享受荣华富贵是理所当然的事。他竟然要求手下模仿皇宫的式样建造府第（dì），台阶要用黄金和美玉来装饰，才能够配得上他的身份。宫殿一建成，他就命手下到处搜罗美女，接着日日夜夜与美人们纵酒欢歌。

杨俊有一个姓崔的妃子，嫉妒心极强。有一天，杨俊和几个宫女又在追逐嬉戏，崔妃在一旁撞了个正着儿，气得两眼直冒金星，随后，就偷偷地在瓜里下了毒，打算把这些宫女都毒死，心想：哼！看你们谁还敢再缠着皇子。没想到杨俊一见到瓜就贪嘴，抢先夺去吃了起来，结果被毒了个半死。宫女们见他刚才还活蹦乱跳的，突然两手紧捂肚子，疼得在地上直打滚儿，这才一个个捂着脸尖叫起来，一时闹得宫里鸡犬不宁。

文帝得知后立刻命人把儿子抬回来，一边速召太医救治，一边派人彻查此事。待真相查明，文帝气得差点儿憋死，立即下令把那个投毒的妃子杀了，然后撤了杨俊的官职，把他关在府里，不准随意出行。

此事一出，满朝大臣都议论纷纷，心想：皇上这样做不过是摆样子罢了，他能狠心惩治自己的儿子吗？到头来还得由我们给皇上台阶下才是。于是，左武卫将军刘升头一个想讨皇帝的好，跑来求情说："陛下，秦王被贱婢投毒陷害，罪不在秦王；至于建造府第，只不过是多花了点银子，这也不算什么大罪，他毕竟是皇子啊，您为此罢掉他的官，这处罚是不是也太重了？"

隋文帝听完脸一拉，说："既然是国家制定的法律，人人都必须遵守，就是皇亲国戚也不例外。"

刘升心想：给您台阶还不下来，那您就待在那儿吧！于是再也没说什么，只觉得讨了个没趣儿，讪讪地退下了。

过了几天，大伙儿一看杨俊还被禁闭在府里，其中任尚书左仆射的老臣杨素也想卖个好，跑来求情说："陛下，秦王虽有过错，但还不至于被免官，皇子毕竟还年轻，将来的路还很长，现在出

点差错也在所难免,请陛下慎重处理。"到底是老臣出面,语气里没有指责,回旋余地留得很大。

不料文帝一听竟来了火,没好气地说:"你们这样为他说情,想必是讨好朕罢了,依我看实在是很多余。朕难道只是儿子的父亲,不是天下人的父母吗?我虽是一国之主,就一定要偏袒自己的皇子吗?不错,杨俊是我的儿子,可也是我的百姓,百姓犯法要治罪,我儿子犯法,难道就要为他改一改法律吗?"说完,一甩袖子回了殿后。众臣一听陛下这一连串的反问,才知道这位皇帝与以往的君主大不相同,真的要惩治皇子,不禁心中暗暗佩服。打那以后,再也没有人去求情了。

杨俊被禁闭的这几日,太医天天围着他伺候,又给他喝汤剂又给他泡药浴,好不容易除掉了一些体内的毒素,可当杨俊一听说前去求情的大臣们都被父皇给训斥了,心里头立刻凉了半截儿,脸色变得更加灰暗了,结果又犯了病。他一想起在新造的华丽宫殿里,美女们围绕在身边嬉戏的情景,心里就美滋滋的,心想:这么禁闭下去,万一早早离世,就享受不了世间的乐趣了。于是,就托身边的人替他写了一封认罪信,自己冒着虚汗抄了一遍,满篇都是请求父皇饶恕他。信封上还特意写上"认罪书"三个大字,让亲信呈给隋文帝。

文帝一见信封,就懒得拆,对送信的人说:"还是拿回去吧,你告诉他,少来这一套。我半生戎马,艰苦创业,都是为了我的儿孙和子民们,期盼我大隋王朝能代代相传,如果我的儿孙都像南朝陈后主那样,我杨家的天下岂不是白白断送?"文帝见送信人低着头,接着又说:"建宫殿这件事,是他有意瞒着我干的,情节恶劣,性质严重。这关系到国家的前途、社稷的命运,我岂能饶恕他呢?"

杨俊得知父皇的态度后,心里十分懊恼,一时想找个诉说的人都没有,平日里那群围着他转个不停的宠妃宫女,这时也都被封在后宫,进不来了。他除了每天捏着鼻子,一次次喝下那些苦涩的汤药外,就是躺在床上,越想越郁闷,没多会儿就昏睡了过去,不料偏偏梦见往日嗲声嗲气的那些宫女,此时都变成了一条条吐着芯子的黑蛇,缠绕在他周身,吓得他大叫一声,惊出一身冷汗,全身不由自主地抽搐起来。仆人见了急唤太医入府,太医伸手搭脉,皱着眉头喃喃地说:"唉,这心毒比瓜毒更甚哪,皇子已经血毒遍布全身,黑气攻心,到了病入膏肓的地步,老夫实在无能为力了。"没两天,杨俊就咽了气,脸色青紫像个茄子。

杨俊手下的人看了一惊,这皇子的死相太吓人了,万一皇上怪罪下来,大伙儿可是吃不了兜着走,这可怎么办呢?大伙儿一合计,有了办法:他好歹是个皇子,礼多人不怪,先把他敬起来再说。于是,杨俊手下的人就请求文帝给他立个碑,文帝叹了口气,摇了摇头说:"浪荡半生,死了还要刻碑立传?难道刻上整日厮混、被妃子下了毒?哼!让朕的脸往哪儿搁?这样吧,你们非要给他留名的话,就让人在史书上捎带一笔吧,何必还要立碑呢?"底下人一听都松了口气。其实,谁也不想立什么碑,可是不拿立碑说事儿,大伙儿的身家性命可就难保了。唉,还不是那个"紫茄子",谁叫他死得那么难看呢!

第二天，文帝指着杨俊生前建造的宫殿，当着众臣的面气愤地说："你们都看见了，这是目无君主、无法无天的行为，以后必定是毁我江山社稷的铁证啊！"说完就叫人立即全部拆除。大臣们面面相觑，谁也没敢吭声，直到文帝走远了，才一个个相互点头称道，佩服地竖起了大拇指。

从此，隋文帝执法严明，"法不恕子"的故事，在宫廷内外流传开来。

第二章 秉公大臣

隋王朝的开国皇帝杨坚统一了全国以后，采取了各种措施来增强国力。首先削减了庞大的军队数量，填补了务农的劳动力，从而减轻了百姓的赋税，这一来，连年收成增加了，粮仓储备也比前朝要充足得多。随后，建立了科举制度，从中选用精干的官员来为朝廷效力，而不是按照门阀的推崇来选择官员。另外，对贪官污吏着重进行严厉的打击和惩处。经过他的一番整顿和改革，政治趋于稳定，社会逐渐呈现出经济繁荣的景象。

隋文帝深知严格的律法对巩固统治很重要，于是派人修订刑律，废除了一些残酷的刑罚，增添了一些打击违法犯罪的条目。但是，文帝有个毛病，往往由于一时气愤，并没有严格按照刑法的条例来断案,反而任意地加重对犯人的处罚。当时,隋文帝身边主管司法的大臣叫赵绰,任大理寺少卿。他性格刚毅,执法严明,为了给犯人合理定罪,没少跟隋文帝争辩。文帝虽然很器重他,可为此也差点儿杀了他。

隋朝初年,天下虽然太平了,但由于长年的战乱,社会风气仍然糟糕得很,偷盗抢劫的现象屡禁不止,隋文帝很恼火,心想,得来点儿从重处罚的硬手腕才行。于是下命令,凡是偷盗一文钱以上的盗贼都要砍头。赵绰闻讯马上禀奏,说:"法律既然是天下人共同遵守的行为规则,怎么能说改就改呢?从古至今,我也从来没听说过偷盗一文钱就被判处死刑的,这实在是太离谱,恳请皇上废除这道法令。"文帝听了,暗暗掂量了一下一文钱和一条命,的确觉得悬殊,这才认为赵绰说得有理,于是废除了这条法令。

当时社会上有一种传言:士族们穿上一种叫"利于官"的绛红色裤子,就会加官晋爵、官运亨通。为了破除这种传言,宫里就出台了一项规定,各级官员在公开场合不准穿这种裤子。有一天,刑部侍郎辛亶(dǎn)来官署办公时,偏偏穿了这种颜色的裤子,马上就有人告到了文帝那里,说他目无法纪。文帝听了,认为他无视朝廷法令,有意抗命,就下令将辛亶处斩。

赵绰认为此案远没有达到判处死罪的程度,文帝的做法显然过激,于是立刻上奏,说:"辛亶穿这种裤子,确实违背了朝廷的规定,但并不能证明他有意抗命,依照刑律,也只不过处以杖刑,实在够不上死刑。"

文帝一听就来了火,这不是公然违抗我的指令吗!于是冷冷地说:"你爱惜辛亶的性命,难道就不要自己的命,不怕我处死你吗?"说着,他就命左右将赵绰推出去斩首。赵绰坦然无惧地说:"陛下可以杀了我,但是不能杀辛亶。"边说边从容地走下了朝堂。文帝看着他挺拔的背影直发愣,一时不知如何是好。想了想,就赶紧派人前去追问。

　　当刽子手要行刑时,文帝派来的人赶忙大喊:"刀下留人!"拦住了刽子手后,马上问赵绰:"你居然为了辛亶的性命而让自己白白去送死,这么做值得吗?"赵绰义正词严地说:"臣一心执法,不怕一死。"来人听了暗暗钦佩,转身告诫监斩官,一定要等他回禀皇帝后再决定是否行刑,说完就飞速跑回大殿,将赵绰的话告诉了文帝。文帝听后自知理亏,错杀一个秉公执法的大臣,岂不让天下人耻笑?沉默片刻,就马上派人传旨,将赵绰解绑释放了。

　　第二天,文帝单独召见了他,谈起了辛亶的案子,承认赵绰的断案是对的,并给了他奖赏,以表彰他为维护法律的尊严而不惜以身护法的大无畏精神。

　　当时在大理寺里,有一个官员叫来旷,总想钻点儿法律的空子,乘机搞点儿贪腐的勾当,因此对赵绰长期执法如山、不讲情面的做法非常忌惮,总想变着法儿整整赵绰。由于赵绰每日在朝,来旷总也捞不到好处,觉着自己简直是白活了,心里憋得慌,就使了个阴招儿,偷偷给皇帝上了个奏章,诬告赵绰管辖的大理寺衙门执法不严,存在营私舞弊的渎职行为。文帝一看,奏章写得头头是道,认为来旷说得在理,心想:赵绰你这个号称执法如山的人,原来也有短处啊!我看你以后还敢再与我辩驳!心里一得意,马上给来旷升了官。

来旷一看,自己略施小计,就给赵绰埋了个雷,没想到自己因此还升了官,不禁暗自庆幸:"呵呵,天助我也!看来还得趁热打铁,接着告状!"没过几天,来旷又编出个瞎话,向文帝诬陷赵绰徇私枉法,私自放走不该赦免的犯人。文帝琢磨着,这个来旷升官前没有禀告此事,升官后又开始状告赵绰,这里边恐怕有鬼,于是对来旷产生了怀疑,立即派人暗地里去调查,结果查了个一清二楚。

原来大理寺衙门根本就不存在私放犯人这回事,完全是来旷凭空捏造,有意诬陷。这欺君之罪,使文帝感到受了羞辱,心里头直后悔,当初就不该升来旷的官,想到这儿,不禁恼羞成怒,下令要治来旷死罪。

文帝有意将这个案子交给赵绰办,他寻思着,这次来旷诬告的可是你赵绰,我来主持公道,还你清白,你还不顺势除掉对手、出口恶气?我倒要看看,你难道还会替来旷开脱、跟我争辩不成?文帝边想边翘起了嘴角,忍不住独自呵呵地乐了起来。

谁知赵绰接了这个案子,对文帝显然过火的处罚提出了不同看法,他马上直言不讳地说:"启禀陛下,来旷是有罪,但并非死罪,陛下不应问斩。"文帝一听,大大出乎所料,一下子从座上站了起来,气得闷哼了一声,随后一甩袖子退朝了。

赵绰紧跟在文帝后面大声喊:"来旷的事我就不说了,但是我还有其他的事要上奏。"文帝头也没回，一边走一边往前伸了伸衣袖，示意让他往后宫去。

到了后宫，文帝不耐烦地问他："到底还有什么事？"赵绰早就想好了，像背书似的打开了话匣子："回禀陛下，微臣自省，方觉犯了三条大罪，恭请陛下发落。臣身为大理寺少卿，平日没有管好下属，使来旷触犯了刑律，这是第一条；来旷虽诬陷微臣，犯欺君之罪，但不致处死，臣未能及时据理力争，这是第二条；臣本来无事，却说有事上奏，虽说人命关天，情急而不得已为之，但也是欺君之罪，这是第三条。"

文帝听到最后几句，忍不住笑了起来，心里不由得佩服赵绰的智慧与胆识。当时独孤皇后也在座，听了这番话后，非常赏识赵绰不计私怨、秉公办案的品行，心里一高兴，命宫女端给他两杯酒。文帝被赵绰刚才自省的"三条大罪"说得舒舒服服的，心里早就没了气，马上同意赦免来旷的死罪，并依赵绰提出的处置方法，将他革职流放到外地。

来旷后来才得知，原来是赵绰为了维护法律的公正，不计前嫌，以德报怨，向皇上一再请求，才赦免了自己的死罪，心中羞愧万分，别提多后悔了。

公元581年，北周隋国公杨坚废掉了当时的孩童周静帝，建立了隋朝，后来又灭掉陈朝，统一全国，结束了自西晋末年以来近三百年的分裂局面。他在位的二十四年间，一直勤俭节约、励精图治，终于使隋王朝进入了太平盛世。但是他的后继人杨广，却是个荒淫暴虐的君主，使文帝多年缔造的江山毁于一旦。这个原本强盛的王朝跟秦朝的命运一样，仅存两世就消亡了。为什么一个新兴的盛世王朝，这么快就灭亡了呢？

杨广是隋文帝的第二个儿子，按照朝纲帝制，并不能继承皇位。他既然登上皇位，无非是通过玩弄权术才使野心得逞的。

杨广的大哥杨勇是当时的太子，比死去的杨

第三章 弑父夺位

俊强一些，有一定的治国才能，为此，很受隋文帝和独孤皇后的喜爱与信任。因为排行老大，天生是太子的身份，从小就被身边的人娇宠惯了。日子一久，这个太子非但不思进取，反而开始穷奢极欲起来。

官员们心知肚明，这位太子就是将来的皇帝，于是对他百般献殷勤。杨勇见多了这种场面，慢慢就习以为常了。他心想，接受百官的朝拜，不过是家常便饭，毕竟自己的身份摆在那儿呢。文帝见了他随处摆谱儿的模样，心里很不舒服，开始对这个太子产生了顾虑。

杨勇宠爱的姬妾还真不少，其中最受宠的云氏，一副妖艳的样子，被大臣们背地里说成是狐狸精。独孤皇后一见到这个云氏，就浑身起鸡皮疙瘩，心里厌恶得不行，曾一再嘱咐太子，赶紧将她废掉，但杨勇早已被云氏迷得神魂颠倒，根本听不进皇后的话。皇后无奈，只好给他选了个比较端庄的姑娘，作为太子妃。可没过多久，太子妃突然患了场大病，还没等查出病因，就莫名其妙地死了。

太子妃暴死，可把皇后惊得够呛，她怀疑是杨勇和云氏合谋害死了太子妃，但又苦于没有证据，因此见了杨勇就没好气，时常加以训斥。杨勇早就被云氏迷得魂不守舍，皇后的训斥对他来说不过是耳边风。因此，他很快失去了皇后的信任。

杨广看到太子已经失去了父母的信任，心里别提多高兴了。他深知隋文帝崇尚节俭，就投其所好，每当隋文帝要来他的府里察看，就立刻把年轻貌美、穿着华丽的姬妾们藏起来，找来几个年老的仆人，身着粗麻衣裳，在跟前默默地端茶递水侍候着。还特意把古琴丝弦弄断，在上面扬上一些灰尘，以示自己声色不沾。同时，还要秀一秀自己如何爱读书，将儒家典籍放在几案上，摆好笔墨纸砚，营造出一股书斋里特有的书香气息。皇帝见了，打心眼儿里觉着欣慰。

杨广先把皇帝糊弄好了，然后开始讨好皇后。他深知独孤皇后痛恨男人妻妾成群，就有意在公开场合下，始终跟王妃萧氏傍在一起。皇帝和皇后看到杨广感情专一、勤俭好学，不禁暗暗赞赏，认为他是一个可成大器的人。

杨广精心玩弄了这些把戏，骗取了皇帝皇后的信任，但是离太子的位置仍然很远，于是，他处心积虑地用同样的办法笼络朝廷大臣和上下宫人。凡是掌握权力的大臣，挨个儿去结交。遇上父皇派来传话的宫人，无论地位高低，都和萧氏亲自出门迎接，并且设宴款待，席间更是敬酒夹菜，好话连连。

公公们吃得满嘴抹油，走时还有礼物相送，没来两趟就认定这个主子了。到了皇上那儿，大臣和宫人们都异口同声地称赞杨广为人仗义、待人宽厚、有孝敬心。文帝和皇后一听，更加喜欢他了。

杨广寻思着，这一阵子宫里的各位大人都打点到了，下面就得趁热打铁，尽快夺取太子的位置，那才算没白费一番功夫。想到这儿，他立刻把部下宇文述找来密谋策划，宇文述说："现在皇上最信任的大臣是杨素，如果能把他拿下，您就一定能当上太子。"杨广一听，心想，就差最后这一哆嗦了，于是用珍贵的古董、字画收买了杨素和他的弟弟杨约，请杨素在隋文帝面前替他美言一番，建议废了杨勇，改立他为太子。

杨素一下子得了这么多宝贝，心里乐得不行，独自将宝贝端详到半夜。第二天一早，就来试探独孤皇后的意思。皇后对太子妃暴死的事一直耿耿于怀，对杨勇身边的那个云氏更是厌恶透顶，一听杨素提到太子的话头儿，气就不打一处来。于是，起身和杨素一起来到文帝面前，东一句西一句说了不少太子的坏话，杨素在一边随声附和着，时不时还给皇后提个醒，生怕漏掉点儿什么。文帝听完也来了火儿，嘴里直骂："唉！这个不争气的东西！"

公元600年，文帝宣布废掉太子杨勇，改立杨广为太子。杨广连日来处心积虑、步步为营废黜太子的阴谋，终于得逞了。他下一步要算计的是，怎么才能爬上皇位呢？

这么着又过了四年，文帝患了重病，杨素和一些大臣都入宫侍奉，整日出不来宫。杨广就给杨素写信，打探文帝的病情，他担心文帝没准儿另有打算，万一搅了自己朝思暮想的皇帝梦，那不就前功尽弃了吗！于是和杨素在信里谋划着怎样才能尽快继位。

被收买后的杨素，铁了心跟随这个新主子了，他把文帝的病情记录下来，并向杨广提出了继位的建议。没想到这封信被宫人误送到了文帝手里，文帝看后脸都气青了。偏偏这时，文帝特别宠爱的陈夫人跑来哭诉说："太子无礼！"原来杨广趁陈夫人不注意的时候，突然从背后抱住了她，她拼命挣脱才跑掉。

这些连续发生的烂事儿，如同在文帝头上狠狠打了一棒，气得他半天都没缓过劲儿来。这时，他才看清了杨广的真面目。他悔恨交加，决心废掉杨广。于是沙哑地大呼："独孤误我！"接着让柳述、元岩两位大臣火速召回杨勇，准备宣他继承皇位。但此事早被杨广的探子看得真切，借故溜出大殿，马上报告给了杨广。

杨广眼瞧着到手的皇位要飞了，急忙通知杨素，伪造了圣旨，命杨素立刻抓捕柳述和元岩二人，将他们囚禁起来。同时杨广把自己的亲信都派到宫里，由宇文述等把守宫门，将宫里侍候皇上的宫人统统赶回后宫。公元604年七月，文帝驾崩，相传，文帝为杨广所暗害。

公元604年七月，杨广在亲信杨素等傀儡大臣的支持下，终于登上了皇帝的宝座。这就是历史上凶狠残暴、臭名昭著的隋炀帝。

第四章 江都巡游

杨广十四年来伪装仁孝俭朴,处心积虑地铺垫,最终在三十五岁那年圆了皇帝梦。登基以后,彻底暴露了他荒淫奢侈、好大喜功的本性,所做的第一件事,就是霸占陈夫人,他早算计好了,要是陈夫人不从,那就杀了她。

这第二件事,为加强中央集权统治,决定营建东都洛阳,打算从长安迁往洛阳定都。于是下令征调劳工二百万人,扩建洛阳城和洛阳宫。此事命管理建筑工程的大臣宇文恺负责。宇文恺接到任务后,深知隋炀帝喜欢奢侈华丽,讲究排场,就把工程规模搞得极其宏大,先后派人从豫章(今江西省南昌市)采买建造宫殿的巨大木材,由于木材都是从千百年的森林里砍伐出来,树木不仅高大，而且树径还非常粗，需要上千人才能慢慢拉动，劳工们苦不堪言。

　　隋炀帝听说大江以南、五岭以北有不少奇材异石，马上命人督促数万劳工，昼夜运到洛阳来供他享乐。宇文恺还在洛阳的西面专门为隋炀帝，精雕细琢地建造了一座供他赏玩的大花园，叫作西苑。建立这座西苑，是因为天界西边是王母所居的瑶池，使得整个隋代洛阳城的布局，能够完美地与天上星辰相对应。

　　西苑方圆二百多里，园内种满奇花异草，建了不少亭台楼阁，与连绵不断的假山相映成趣；山上建造的宫殿，随着日光的变化，时隐时现，十分壮观。据史料记载，在西苑的东南部有一片翠池，池深数丈，清澈见底。方圆十余里的池湖上，建有方丈、蓬莱、瀛洲三座神山，这"一海三山"的奇特景观寓意着"神山仙境"。

　　在湖的北面是一条蜿蜒盘亘的大水龙，名为龙鳞渠，渠水依地势蜿蜒曲折流入洛水。沿渠建造了十六座华丽的别院，每院设置一屯，养鱼饲畜、种植蔬果，并分别由挑选出来的十六名妃子管理。层出不穷的嫔妃宫女们成天围着杨广转悠，他早已分不清谁是谁了。日子一久，他瞧着就腻烦，还能玩儿什么呢？拥有无限权力的他，各种欲望就像火山一样，不停地向外喷发。想来想去，为了进一步满足自己强烈的炫耀心态，游玩儿的档次就必须得升级。于是，他决定开凿一条贯通南北的大运河，目的倒不是为百姓兴建水利，而是方便他能乘船前往他曾经驻守过的繁华大都市——江都（今江苏省扬州市），反正闲着没事儿，故地重游，下江南抖抖威风吧。

公元605年，即隋炀帝当朝的第二年，他命令尚书右丞皇甫议征调河南、淮北各地民夫一百多万，从洛阳西苑开始，东至淮河边上的山阳（今江苏省淮安市），开凿了第一条运河，称为"通济渠"；接着又征调淮南百姓十多万人，从山阳到江都，把春秋时期吴王夫差开凿的邗沟（古运河名；邗hán，古城名）给疏通了，这样就连接了淮河和长江两大水系。

到了公元608年，隋炀帝征调河北百姓一百多万人，从洛阳的黄河北岸到涿郡（今北京），开通了永济渠。公元610年，他又征调江南百姓十余万人开凿江南河，自京口（今江苏省镇江市）至余杭（今浙江省杭州市）八百余里。这样，以洛阳为中心，北起涿郡，南到余杭，全长两千七百余千米的大运河，经过六年的时间终于通航了。

到了金秋收获季节，隋炀帝迫不及待地要游江都了。他乘龙舟从洛阳出发前往江都，为了大显威风，他乘坐的龙舟高四十五尺，宽五十尺，长二百尺，一共四层。龙舟里边设有宫殿和上百间宫室，凡洛阳城里有的东西，这里也必须样样齐全。为了显示皇家龙舟的阔绰，整条船都用金玉镶嵌。可这么大的龙舟是怎么下水的呢？

原来在运河的两岸，早就修好了御道，不用木桨竹篙，一条龙舟依靠成百上千名纤夫用青丝缠绕的大绳牵引前进。上千条船就得轮流调用数万名纤夫拉拽着。嫔妃、王公大臣乘坐的几百条彩船的后面，跟随着满载士兵和武器的几百条兵船。骑兵在两岸护卫，万马奔腾，旌旗招展，八面威风。这支浩浩荡荡的船队，在运河中航行的时候首尾相接，前后长达一百多里。据记载，隋

炀帝的龙舟已经出发十几天了，后面随从的船只才刚刚离开洛阳。

一天，龙舟正在大运河上威风凛凛地行驶着，隋炀帝突然想起了三国时期喜好文学、吟诗作赋的曹操，心想，即便是你孟德最出风头的时候，也不如我这么有气势吧！想到这儿，得意扬扬地走出龙舟殿赏景。他见运河两岸人来人往，络绎不绝，就问侍从："岸上这么多人，他们在忙什么呢？"侍从急忙回禀，说："陛下，这些都是当地的老百姓得知皇上经过这里，早就准备好了美味佳肴特来奉献。"

原来，隋炀帝龙舟船队路过的五百里范围内，府州县都要按例沿途贡奉美食。这些手提筐篮穿梭的人，正是奉命向隋炀帝一行船队贡奉食物的。隋炀帝听完，更加得意了，便仰头自言自语起来："呵呵，什么挟天子以令诸侯，昔日的孟德兄怎么能跟我比呢？"这年十月，隋炀帝到达了江都，在那里吃喝玩乐了大半年。杨广对外说他喜欢江都，可到了那里却足不出宫，整日泡在宫里饮酒作乐，那他为什么老要去畅游江南呢？原来是出于他一再膨胀的炫耀心理，为了享受沿途百姓从四面八方投来的惊羡目光和展示两岸旌旗遍野、威武壮观的出行场面。

从此以后，隋炀帝上了瘾，几乎每年都要出游江都。每次都是大张旗鼓，劳民伤财，搞得百姓怨声载道，再也无法忍受下去了，各地开始爆发反抗朝廷的起义，隋王朝的统治才维持到第二代，就开始动摇了。杨广哪里知道，自己正在重蹈覆辙，堕入与秦朝覆灭的同样命运。

第五章 牛角挂书

李密出身于官宦世家，上一代是北周与隋朝的贵族。他生性灵巧，脑瓜儿聪明。少年时，他在隋炀帝的宫廷里当侍卫。有一次，他值班，正在东张西望时，偏偏让隋炀帝看见了，觉得这小子猴里猴气、贼头贼脑的，怎么看都不顺眼，当场就免了他的差事。李密倒是并不沮丧，决心发奋读书，立志做个有学问的人。

一天，他骑着一头大水牛，慢慢悠悠地前往缑山（今河南省偃师市东南；缑 gōu），准备向当时有名的学者请教问题。为了抓紧时间读书，他把《汉书》挂在牛角上，目不转睛地阅读起来。正好宰相杨素坐着马车从后面驶来，看到前面有个少年在牛背上读书，耳边传来一阵阵高声朗读

故事里的中国历史

〇二四

的声音，感到很奇怪。杨素忍不住赶上去问："用功的书生，什么书让你看得这么起劲儿？"

李密惊了一下，回头一看，原来是当朝宰相，慌忙牵住水牛，跳下牛背，向杨素作了一个揖，报上自己的名字，然后回答说："回先生的话，晚辈读的是《汉书》，正读到项羽的传记。项王英雄盖世，真了不起啊！晚辈愚钝，还请先生多多指教！"

杨素一看这个年轻人谈吐谦逊，就和李密交谈了一阵。杨素觉得这个少年很有抱负，打心眼儿里赞叹。回家以后，杨素对他儿子杨玄感说："我看李密这孩子的学识和才能都在你们兄弟之上啊，将来有什么紧要的事，你们可以找他商量。"从此，杨玄感就上了心，有意去结交李密，没多久，两人成了亲密的好友。

杨素曾是帮助隋炀帝夺取了皇位的大臣。要说这位一仆二主的两朝元老，自打被收买后就变了节，背叛先帝的行径，君臣二人心知肚明，说出去不但伤天害理，而且还会遭众人唾骂。心虚的隋炀帝为此时常闹心。杨素在他面前越是唯命是从，他就越怀疑杨素会不会哪天把夺取皇位的秘密给捅了出去，于是他见了杨素就眉头紧皱，爱搭不理。杨素早就看出隋炀帝对他一脸的猜忌，又说不出什么，心里头七上八下，郁郁寡欢，时常胸闷得透不过气来，没多久就病死了。杨玄感知道老爹的死跟隋炀帝有关，从此，在心里就埋下了仇恨的种子。

公元611年，由于高句丽王高元没能亲自前往涿郡迎接隋炀帝，隋炀帝觉得很丢面子，越想越生气，本来看他们就不顺眼，一直想灭了它，现在有了这么个碴儿，索性就发动起攻打高句丽的战争。由于隋军士兵无心恋战，结果被高句丽打得惨败，三十多万隋军兵士，逃回来的只有近两千七百人。

好大喜功、刚愎自用的隋炀帝并没有吸取教训，铁了心地还想再跟对方打。到了第二年，隋炀帝又发动了对高句丽的进攻。这回他亲自率领大军攻打辽东，派杨玄感在后方黎阳（今河南省浚县东北）督运粮草。杨玄感一看局势混乱，心想机会来了，打算利用这个时机推翻隋炀帝。

杨玄感用督运粮草的名义，征调了八千多个年轻力壮的民夫，要他们将粮草运到辽东前线。这些民夫本来就不愿服劳役，现在叫他们远离家乡去干这份苦差事，都在底下抱怨不已。

一天，杨玄感把民夫招集在一起，说出了真话："弟兄们，当今皇上不顾百姓死活，让成千上万的父老兄弟战死在辽东，如今你们再去那里，必死无疑。我也是被逼才干上这个丢命的差事。与其被活活逼死，不如我们共同推翻暴君的统治。你们看怎么样？"

大伙儿一听，纷纷议论起来："当官的都豁出去带头造反，那我们草民还有什么可害怕的？"顿时群情激愤，一一响应。

杨玄感把八千民夫编成队伍，配备上兵器，准备进攻隋军。可总觉得身边少了一个能出主意的参谋，一琢磨，想起了在长安的好友李密，立刻派人把李密接到黎阳来。

李密到了黎阳，杨玄感向他请教："要推翻隋炀帝，这仗该怎么个打法？"

李密说："要打败官军，有三种办法。第一，暴君正在辽东，我们北据幽州，截断他的退路。他前有高句丽军队，后无退路，不出十天，军粮接济不上，我们不战而屈人之兵，是上策；第二，向西攻占长安，直捣他的老巢，使他没有退路，是中策；第三，就近攻打东都洛阳，虽可速战，但不能确保取胜，只因朝廷在东都还留有部分守兵，此为下策。"

杨玄感听后，觉得前两条计策虽好，但路途遥远，既费精力又耗时间，就说："我看你说的下策，倒是个好主意。现在朝廷官员的家属，都集中在东都。我们攻下东都，把他们家属统统抓起来当人质，到时候必定会军心动摇，保管能取胜。"

主意打定，杨玄感立刻从黎阳出兵攻打东都，一路上，许多农民纷纷加入了起义军，队伍很快就扩大到十万人，人多势众，接连打了几个胜仗。而此时隋炀帝正带领大军昼夜不停地攻打辽东，接到告急文书后，他急忙连夜退兵，并派大将宇文述等将领率大军分路攻打杨玄感。杨玄感虽有十万大军，可都是临时投奔来的农民，大多数人没打过仗，根本抵挡不住训练有素的隋军，杨玄感只好率军一路往西退到了长安，然后由西向东，又杀了个回马枪，打算东山再起。住在关中的杨氏家族闻讯，派人前来协助杨玄感做沿途的向导。

杨玄感进入关中后，马上开仓放粮，以拉拢民心。来到弘农（今河南省陕县西南）宫时，城外的百姓争相挽留杨玄感，希望他夺取这座城。杨玄感觉得此城应该比东都容易攻打，就同意了，可连攻三日，都没能攻下这座城。这时宇文述的追兵赶到了，杨玄感只得再向西逃去，一路边战边退，士气大减。

接着双方在董杜原（今河南省灵宝西北）列阵，打算进行决战。

隋军作战讲究布阵，队形很有章法；杨玄感的农民军却各自为战，缺乏协作，于是一交战就只有招架之势，结果被打得惨败。末了，杨玄感带领十多个人骑着马，好不容易突围出来。在隋兵的追击下，一会儿就都跑散了，仅剩下他和他的弟弟杨积善二人。眼看大势已去，杨玄感眼望苍天，后悔当初没有采纳李密提出的上策，以致兵败如山倒。事到如今，虽反暴未成，但气节不可辱，更不能束手就擒。他眼瞧着隋军步步逼近，就把心一横，命弟弟杀了自己。

李密从混战中逃了出来，正打算逃回长安，不料隋军搜捕得很紧，最后还是被抓住了。

隋将派兵把李密押送到隋炀帝的大营去。半路上，李密联合了其他十几个犯人，把他们随身带的钱财全都送给押送的隋兵，隋兵取了钱财，途经驿站时，见了一旁的酒铺，全都兴奋地掀帘入店，开怀畅饮起来，这会儿谁也不愿误了喝酒的工夫，去看押木笼子里的犯人。李密他们就趁着隋兵醉酒的时候，偷偷撬开木笼，一溜烟儿地逃跑了。

李密脱险后改名换姓，想另找机会反抗隋朝。他先后投奔了几支起义军，但人家一看他是一介文弱书生，又有点儿猴儿里吧唧的样子，都没把他放在眼里。后来，他听说瓦岗寨有一支起义军，实力很强，首领叫翟让，为人仗义厚道，又喜欢结交英雄，就决定去投奔瓦岗军。

第六章 瓦岗起义

隋炀帝当政时期，号令全国大批劳工开凿大运河，不惜劳民伤财，建造形形色色的宫殿，没完没了地游江都，不知搜刮了多少民脂民膏，祸害了多少黎民百姓。为了达到他穷奢极欲的目的，无数家庭背井离乡，流离失所，妻离子散，家破人亡。俗话说："官逼民反，民不得不反。"当他准备再次攻打高句丽的时候，各地终于爆发了农民起义。

当时，起义队伍此起彼伏、风起云涌，其中最有影响力的一支队伍就是河南的瓦岗军。这支队伍的首领叫翟让。曾经做过提刑官的翟让，只因犯了一点儿小错，就被重判死罪，关进大牢。有个狱卒很同情他，认为他是一条好汉，就找了个机会偷偷地放了他。翟让逃出大牢后，心想，如今这世道，老百姓已经没有活路了，不如揭竿而起，没准儿还能有条出路。于是，他召集了当地的一些贫苦农民，很快就组织了一支队伍，率先在瓦岗寨起义了。

这一起义动静不小，当地的青年才俊徐世勣（jì）、单雄信闻讯，也召集了一些人来投奔翟让。徐世勣不但武艺高强，而且善于谋略，他向翟让提议："这里都是些贫苦乡民，不太会打仗，义军力量远远不够。目前队伍急需钱粮，我们不如赶往荥阳（今河南省郑州市惠济区西北古荥；荥 xíng），那里有很多豪门富商，从他们那儿能抢到钱粮，以此来安抚百姓，壮大队伍。"翟让接受了徐世勣的建议，就在荥阳一带劫富济贫，开仓赈粮。当地的农民分到了粮食，激动不已，纷纷投奔起义大军，队伍迅速壮大起来。

有一天，瓦岗寨大营前来了一个衣衫褴褛的人，要见翟让。原来是刚从隋军眼皮子底下逃出来的囚犯李密。他自报家门："曾经当过杨玄感的参谋，特来投靠。"翟让得知李密的来意后，立刻热情地相迎。此后，瓦岗军的许多事情几乎都由李密出谋划策。李密向翟让建议，现在正是联合各路义军的好时机，可以借此壮大自己的队伍。翟让对李密很信得过，就派李密前往各处奔走联络，于是，每天都有投奔起义军的新人加入。这一来，翟让对李密更加信任了。

翟让的队伍逐渐强大起来，可他毕竟是个贫苦农民，心里只想着大家吃穿不愁就行，造反就是为了能过上好日子，并没有想过要推翻隋炀帝。一天，众人在寨内议事，翟让就请大家聊聊以后的打算。有人说："继续杀富济贫，将贪官污吏杀个干净。"李密上前更正说："现在皇帝昏庸暴虐，荒淫无度，上梁不正下梁歪，我们就是杀死再多的贪官，以后还会层出不穷，只有彻底推翻暴君统治，才能从根本上解决问题。如今咱们兵强马壮，正是攻打长安和洛阳的好时机，机不可失啊！"

翟让听了挺激动，说："先生的建议实在是太好了，唉，我以前怎么没想到呢？先生接着说，我们下一步该怎么干呢？""我认为咱们应该先攻下荥阳，以此作为根据地，然后再去攻打东都，夺取辎重，扩大战果。"李密胸有成竹地说。"好，就依先生说的办。"翟让和众将领一致表示赞同。

接着，瓦岗军一路攻向荥阳，隋炀帝得知后，立刻派大将张须陀率军前来镇压。张须陀是隋朝有名的猛将，曾经打败过翟让的起义军，这回翟让一见是他，心里发怵，不免有些紧张。

李密见状说："不用担心，张须陀是个有勇无谋、傲慢轻敌的莽夫而已，我们利用他的弱点，必能取胜。"

李密策划了一番，让翟让摆开阵势，佯装跟敌人正面交战；他自己带领一千精兵在荥阳大海寺北面的密林里设下埋伏。翟让依照计划与张须陀打了一会儿，就假装败退，很快将张须陀引入埋伏圈。李密一看时机成熟，一声令下，埋伏的瓦岗军将士一起杀出，喊声震天，将张须陀的人马团团围住。

张须陀这时才知中计，慌忙下令撤退，但退路早已被截断，隋军东奔西窜，乱作一团，被瓦岗军杀得丢盔弃甲，四下逃命。张须陀尽管勇猛，但被几个瓦岗军彪形大汉围住，用长枪顶住了前胸后背，动弹不得。眼瞅着就要被生擒了，不知是谁急了眼，突然用红缨枪噗的一声刺穿了张须陀的后心，一时血流如注，立刻就没了气息。这一战，瓦岗军大获全胜。

第二年（617年）一开春，李密又率领义军攻下了隋朝设在东都洛阳附近的大粮仓——兴洛仓，这是隋朝最大的储粮仓，方圆二十多里，挖有数千个粮窖。多年来，只见路边饿殍遍野，岂知粮窖藏粮如山。义军攻下粮仓后，马上开仓放粮。忍饥挨饿的老百姓争先恐后，手持竹篮布袋，从四面八方拥向粮窖，欢呼雀跃地前来领粮。手捧粮食的百姓们，对瓦岗军感激涕零，奔走相告。为此，许多家庭的子弟踊跃地加入了起义军。瓦岗军的队伍从十几万人迅速扩大到几十万人。

翟让看到李密屡建战功，不但有政治眼光，而且具备军事谋略，觉得自己的才干实在不如他，就主动把首领的位置让给了他。李密没有推让半分，欣然上任了。于是，大家就开始拥戴李密为魏公、行军元帅。瓦岗军扩大了队伍，建立了自己的政权，又乘胜攻下了许多郡县，同时向全国发布了讨伐隋炀帝的檄文，号召老百姓立即行动起来，推翻隋王朝的残暴统治。檄文一发，天下震动，大江南北的起义军群情激昂，信心百倍，络绎不绝地前来归附瓦岗军，李密很快就成了中原起义军的领袖。

就在瓦岗军走向鼎盛的时候，它的内部却出现了激烈的矛盾。原来，翟让主动让出首领位置后，他的亲信们心里一直不痛快，有人劝翟让应该把权力再夺回来，但翟让却总是摆摆手，一笑了之。可这话偏偏传到了李密的耳朵里，从此瓦岗军内部就不那么太平了。

李密虽然谋略过人，可是心胸狭窄，听到有人建议翟让夺他的权，就闹起了心病。他的手下劝他一不做二不休，趁机除掉翟让，以防后患。此时的李密，早已忘记了当初自己衣衫褴褛投奔翟让的那一刻，更不会想起翟让是怎样热情地迎接了他。为了保住义军领袖的地位，竟然不顾翟让对他的礼遇之恩，不顾战场上生死与共的情谊，反而暗暗起了歹心。

一天，李密请翟让喝酒，在宴会上，他借故把翟让的手下人全都支开，然后说找到了一把好弓，让他试射，翟让哪知这是李密的计谋，正当双手将弓拉开时，埋伏好的刀斧手突然从他身后冲了出来，当场将翟让乱刀砍死。

从那以后，瓦岗军内部对李密就产生了非议，一时军心涣散。没了主心骨的瓦岗军，就开始走下坡路了。不久，在抵抗隋军的围剿中，由于李密的错判，数次战斗失利，导致瓦岗军元气大伤，最终在隋朝宇文化及和王世充大军的前后攻击下大败。此时，北方由李渊带领的一支起义军正逐渐壮大起来，李密刚杀完翟让，心里发虚，一看瓦岗军这边不行了，马上又跳槽，只身投靠了李渊。

可他这回跳槽的运气实在差得很，人家远不像当初翟让待他那么厚道。俗话说：好事不出门，恶事传千里。李渊对他的为人早有耳闻，死活不待见他。可李密呢？偏不走人，心眼儿小不说，又干起了卑劣的勾当，居然寻思着图谋不轨，在人家地盘里闹起了窝里斗。结果聪明反被聪明误，招来了杀身之祸。至此，轰轰烈烈的瓦岗寨农民起义，就这么烟消云散了。

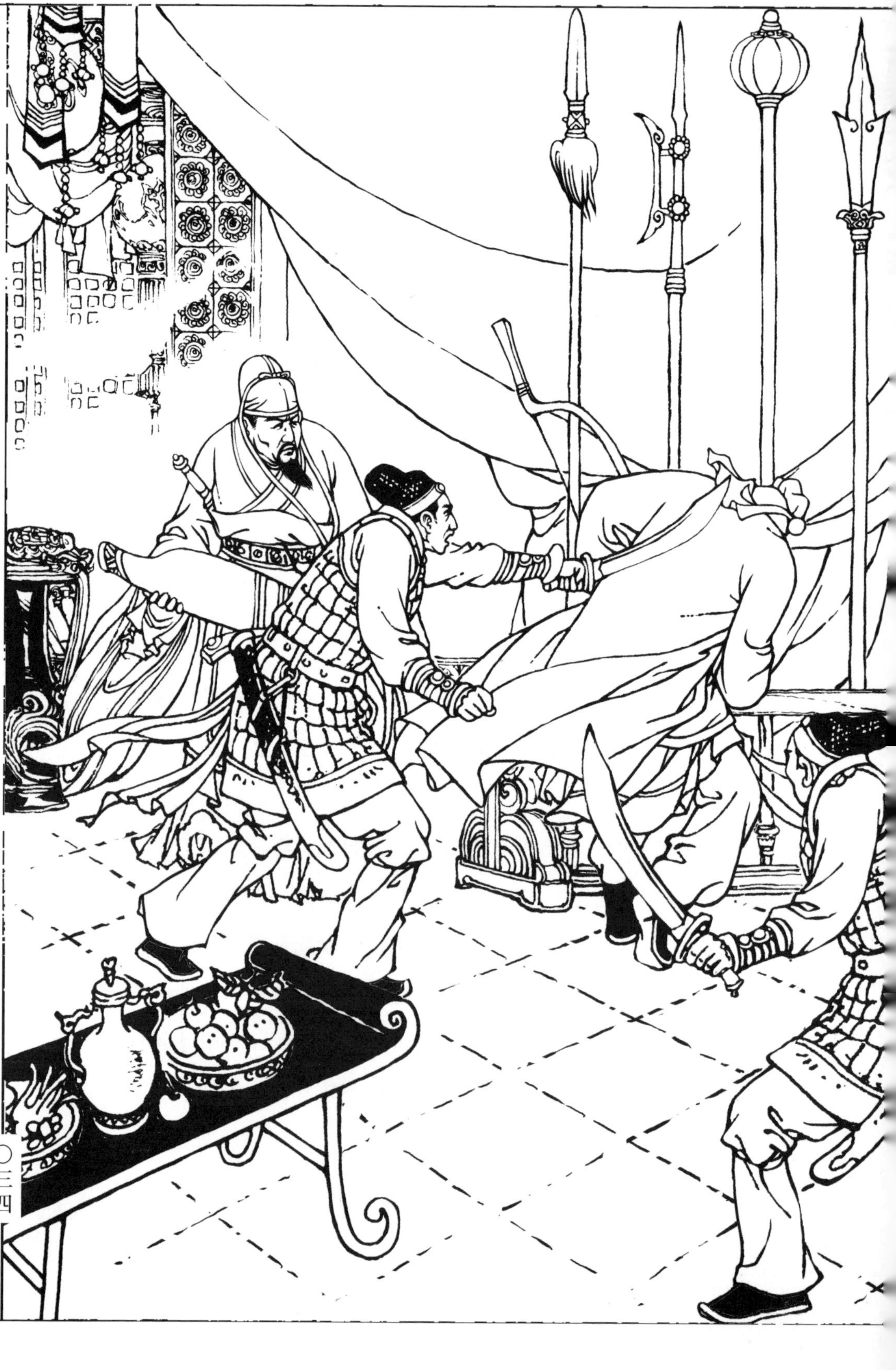

第七章 建立大唐

隋末农民起义，实在是皇帝作孽、官逼民反。起义军风起云涌，如同山摇地动，遍及全国。隋朝的统治开始摇摇欲坠，灭亡是迟早的事。但这天下究竟会落到谁的手里呢？

当瓦岗起义军攻打东都洛阳的时候，太原留守李渊明明是皇上的重臣，怎么也起兵谋反了呢？要说这个李渊，跟皇上还沾着亲呢。原来，他的姨妈就是隋文帝的独孤皇后，说起来他还是隋炀帝的表弟，一家子可都是隋朝的贵族。可是隋炀帝偏偏不信任他，表面上让他去当太原留守，背后却安插了两个心腹在他身边做副留守，目的是随时监视他，这让李渊心里一直很恼火。

隋炀帝平日看李渊从来就不顺眼，李渊索性

一直躲着他。可这回皇上偏偏让李渊去镇压农民起义,其中自然有用意。圣上心想:如果你打胜了,精忠报国是本分,没得说;要是打败了,死在战场上也就罢了,要是活着回来,到时候随便安上个玩忽职守、有违圣命的罪名,还不容易吗?

李渊领旨后不敢怠慢,周密筹划了一番,还真打了几个小胜仗。后来一看,起义军越来越多,怎么打也打不完,真叫"野草烧不尽,春风吹又生"。他整天没着没落,心里急得发慌。偏又赶上太原北面的突厥多次来犯,李渊只好出兵抵抗,接连吃了几个败仗,又怕被隋炀帝知道,追究起责任来,那一定是吃不了兜着走。沮丧的李渊,只好每天喝闷酒来打发日子。

李渊有四个儿子,四兄弟分别是李建成、李世民、李玄霸、李元吉。其中二儿子李世民,是个有胆有识的青年,平时喜欢结交有才干的人,常常议论朝廷的各种弊端。忧国忧民的他看到父亲整天愁眉苦脸,就想为他分忧解难。面对全国此起彼伏的反隋巨浪,李世民认为腐朽的隋王朝实在该覆灭了。为此他一直期盼着,等到天下大乱的时候,趁势夺取政权,认为这样才能真正保护全家人的性命,于是他开始秘密筹划如何起义出兵的事情。

晋阳县令刘文静非常看重李世民,不久两人成了知己。因为刘文静是瓦岗寨首领李密的亲戚,所以被牵连,关进了大牢。李世民非常着急,就去狱中探望,见刘文静面容憔悴,忍不住拉着他的手说:"刘大哥,像你这样正直的人也被无辜地关进监狱,这世道真是忠奸不分啊!乱世出英雄,我今天不但来探望你,还想请你帮我出个主意。"

刘文静知道李世民的心思，很兴奋地说："我到底没看错公子，现在天下大乱，烽烟四起，而皇上只顾在江都游玩，这正是打天下的好时机。你父亲手下还有几万人马，要尽力把他们争取过来。太原城里有不少豪杰，这灭隋已是大势所趋，只要你们振臂一呼，攻进长安，天下就可以到手了。"李世民听了，充满信心地说："你真是说到我的心里去了。"

李世民回到家里，看到父亲还在为打败仗的事担忧——生怕隋炀帝随时会追究，就劝父亲索性倒戈，趁此机会起兵反隋。李渊一听，吓得一缩脖子，忙说："打住！再不可说这些大逆不道的话，这话要是传了出去，是要被灭九族的。"李世民见父亲一时转不过弯儿来，点了点头，没再说什么就退了出去。

第二天，李世民又来劝父亲，说："现在天下大乱，起义军到处都是，越来越多，您能讨伐得过来吗？再说，皇上并不信任您，您就是立了功，渡过眼前这一关，恐怕以后的处境会更危险。与其战战兢兢，不如顺应潮流，举兵起义，这才是真正的出路。"

李渊听后，长叹了一声，说："我昨夜想了很久，朝廷昏庸，暴虐无道。看来我已被逼得走投无路，实在不得已，只好反了。"

主意已定，李渊立刻将刘文静从牢里放了出来，开始招兵买马，又把在外打仗的李建成和李元吉这两个儿子迅速召了回来。太原的两个副留守没少监视李渊，这几天看到他和儿子神神秘秘的样子，觉得有些不对头，就亮出令牌，吆喝着要上来干涉。李渊见了这两个卧底，牙齿咬得咯咯响，心里直蹿火，一琢磨，干脆先下手为强，索性给他俩扣上个"勾结突厥"的罪名，立刻命手下人把他们杀了。

　　接下来的难题是，怎样面对突厥的进攻呢？为解决这个后顾之忧，李渊派刘文静去跟突厥讲和，并送去一份厚礼打点，希望突厥可汗掉转矛头，与自己一起参与反隋的立国大业。突厥可汗见了厚礼，觉得将来一定还有利可图，于是将胡子一捋，乐呵呵地同意了。李渊化敌为友，解除了这个后顾之忧，就立即起兵，称自己为伐隋"大将军"。俗话说得好，打虎亲兄弟，上阵父子兵，他分别封李建成和李世民为左右领军大都督，封刘文静为全军司马。

　　李渊分析了一下作战形势，决定先攻取长安，以关中作为根据地，以便前后呼应。他依照瓦岗军当初起义的模式，首先打开太原官仓，救济贫民，以收买人心。随后，他亲自带领三万人马呼啸着朝长安杀来。李渊攻占关中的第一场硬仗是攻打霍邑（今山西省霍州市）。霍邑地势险要，又赶上接连几天下暴雨，道路泥泞，粮草无法运输。

　　李渊皱起眉头看了看天，心里犯起了嘀咕，一时想打退堂鼓，撤回太原去。在旁的李世民和李建成一再劝说："父亲，开弓没有回头箭，英雄自古肝胆悬。在这个关键时刻，万万不可动摇军心啊！"李渊被这两个儿子的决心感动了，不再犹豫，横下一条心准备开战，并立即和大家一起研究攻城的办法。

　　经过一番周密的布置，他们终于将死守城池的将领宋老生击败，夺下了霍邑。首战告捷，全军士气大振。接着，李渊一路上继续招兵买马，扩大队伍，凡所到州县乡镇，立即开仓赈粮，救

隋唐故事

济贫民，受到了百姓们的一致拥护，沿途下来，又有不少民众加入了义军。当李渊攻打长安时，已经组成了一支拥有二十多万人马的大军。

李渊攻下长安后，为了争取民心，立即废除了隋朝严苛的法令，并宣布约法十二条，这些条例大大减轻了百姓的负担，人们欢欣鼓舞，夹道欢迎。为了平稳过渡，他并没有急于称帝，而是让隋炀帝的孙子杨侑（yòu）继位，先做个挂名皇帝，自己暂时做个大丞相、封为唐王。这样一来，他既取消了隋炀帝的帝位，又可以将隋朝的文武百官归纳到自己手下，一举两得，成为实际的掌权者。

公元618年，平日贪婪骄横的宇文化及发动了江都政变，派手下勒死了隋炀帝。消息传来，李渊认为条件成熟，就决定自己称帝。那个挂名皇帝杨侑得知祖父驾崩，马上乖乖地下了一道诏书，将皇位禅让给唐王。李渊为了体面一些，在百官面前先表示了一番推让。文武百官一看，心知肚明，眼前的这位唐王马上要成为帝王了，大家连忙把早已拟好的奏表高高举起，恭请李渊称帝。李渊看着一个个似熟非熟的面孔，拱起手向左右众臣又辞让了几次。最后，在朝堂上响起的一片欢呼声中，登上了帝王的宝座。这一年定国号为唐，他就是唐高祖。

第八章 单鞭救主

李渊在攻下长安后，当时隋炀帝还活着。李渊没有忙着登基，而是让隋炀帝的孙子杨侑临时继位，先做个傀儡皇帝。那么隋炀帝究竟是怎么死的呢？

原来这个荒淫暴虐的皇帝知道自己能活着的日子不多了，索性及时行乐。他整日躲在江都，拉着嫔妃们饮酒作乐，醉生梦死地度过那最后的分分秒秒。这时，由河北窦建德、江淮杜伏威率领的起义军，不断对隋军展开拉网式打击。隋军节节败退的消息传到宫里，隋炀帝干脆充耳不闻，对一旁低声抽泣的萧皇后说："外面那么多刁民要算计我，实在没办法，别管这些草芥了，咱们还是痛痛快快地喝酒吧！"

杨广一边安慰自己，一边拿起镜子照着，呆呆地摸了摸脑袋，自言自语地说："多好的头颅啊！由谁来砍呢？"萧皇后听了，哭得更伤心了。杨广就像个输光了的赌徒，装出一副无所谓的样子，对她说："人生贵贱苦乐，自古相互替换，没什么好伤心的。"

公元618年，杨广的末日终于到了。只不过让他没想到的是，他最亲信的大将军宇文化及率领禁卫军发动兵变，攻进行宫。杨广一听见宫外有动静，立刻撇下萧皇后，转身逃进一间小内室躲了起来。这个举动被一个恨透了他的宫女看在眼里，马上报告给宇文化及。禁卫军不由分说，把他从小房间里拖了出来，杨广在禁卫军面前，扯着嗓子喊道："我有什么罪？凭什么抓我？"军中马上有将士站出来呵斥："你穷奢极欲，荒淫残暴，为害百姓，罪大恶极！难道还没有罪吗？"

这时，杨广像瘪了气的皮球，一屁股瘫坐在地上，顾不上伤心落泪了，只求禁卫军让他服毒自杀，留个整尸，不想血溅宫廷。宇文化及身旁一员大将吼了一声："成全你！"一把解下杨广的衣巾腰带，就把他绞死了。

杨广当了十五年皇帝，死时五十岁。由于他穷奢极欲，短短十五年就迅速毁掉了这个强大的隋王朝。他生前常对大臣们说："我生来不喜欢听相反的意见，那些个所谓敢言直谏的人，还是趁早闭上嘴，别老让我动杀心。你们想加官晋爵，就得好好听话。"结果他一条道走到黑，谁也拦不住，谁也不敢拦，任凭他一路跑着到阎王爷那里去了。隋王朝，历时仅仅三十八年，就这么完了。

隋朝末年，烽火连年，被朝廷镇压的中原各路起义军，最后只剩下晋北刘武周、洛阳王世充、太原李渊三路人马。

李世民统率的唐兵，经过多次苦战，把刘武周赶进了沙陀部族，又把他手下的一员猛将尉迟恭困在介休（今山西省晋中地区）县城里。尉迟恭出身铁匠，腰圆膀壮，力大无穷，惯使一条四十五斤重的水磨竹节钢鞭，甩起来呼呼作响，与唐兵交战数日，一天就打翻了三员唐营大将。

李世民见此情景，不由得心生佩服，直呼尉迟恭是个难得的猛将，就一心想要收服他，于是派使者带着厚礼前去说降。不料尉迟恭说："我的主人是刘武周，虽然被你们赶到沙陀，但我不可能背叛他！"李世民欲罢不能，就派人到沙陀使了个反间计，到处说刘武周到了沙陀，早晚要杀了沙陀人的首领，等占领地盘后，再回到中原跟尉迟恭会合。

沙陀人一听讹传果然中计，立刻把刘武周杀了。李世民花重金把刘武周的首级赎了回来，装在一个精致的方木盒里，带到了介休城下，朝着城墙上喊道："尉迟将军，你忠于主人刘武周，我们十分钦佩，所以才不攻打介休城。现在有个不幸的消息传来，沙陀人把刘武周杀害了。"说着就掀开方盒盖子，把刘武周的人头举了出来。尉迟恭看到刘武周的头颅，禁不住当场大哭起来。随后，他见李世民一再赏识自己，终于答应了归降。

尉迟恭归顺李世民不久，降唐的士兵就发生了叛逃事件，有人怀疑投降的尉迟恭没准儿也会叛变，就提醒李世民说："尉迟恭勇猛过人，又刚刚归顺，要是起了二心，那可是后患无穷啊。不如现在就把他杀了。"

李世民说："如果他要反叛，怎么可能在这些俘兵叛逃之后动手呢？你们提醒得也许对，但我还是愿意相信他。"

待旁人退去了，李世民就把尉迟恭找来，开门见山地说："我敬重你的为人，欣赏你的勇猛，咱们大丈夫以信义为重，交的是心，我不会听信那些谗言，无端怀疑你的忠义，更不会杀害忠良。如果壮士另有高就，想要离我而去，我也会尊重你的选择，绝不阻拦，随时都可以送你盘缠让你走。"

尉迟恭听了十分感动，当即叩谢李世民的知遇之恩，表示绝无二心，更没有反叛之意。

不久，唐兵大部队来到了洛阳城外，准备攻打王世充。这一天，李世民带了十几个人去察看远处敌营的动静。十几匹马踏起的灰尘，被王世充手下大将单雄信看到了，他马上带领五百兵士，偷偷包围上来。李世民身边的十几个人奋力抵抗，不一会儿的工夫，就都被对方杀死了。李世民知道自己不是单雄信的对手，只好朝着一片榆树林里逃去，希望和附近的唐军大部队会合。

单雄信策马赶到了榆树林边，仔细朝树林深处搜索过去。正在万分危急的时刻，突然远处传来一声霹雳似的大喝："单雄信，休伤我主！"

单雄信回头一看，只见一壮汉手提单鞭，骑了一匹乌骓（黑马；骓，毛色苍白相杂的马；骓 zhuī）马，直奔过来。原来正是尉迟恭。单雄信伸出枣阳槊（用枣木做杆的长矛，槊 shuò），朝着尉迟恭的心窝捅去。尉迟恭看得真切，挥鞭拨开枣阳槊，紧接着在原地兜了一圈，向单雄信迎了上去。单雄信把枣阳槊舞得虎虎生风，

隋唐故事

尉迟恭虽武艺高强，一时很难接近单雄信，几个回合下来，不分胜负。

尉迟恭双眼紧盯着枣阳槊，等到两匹马擦身而过时，他迅速一低头，躲过单雄信刺来的枣阳槊，擦着对方身子飞奔过去。说时迟，那时快，回手猛甩一鞭，重重地打在单雄信的右肩上，只听咔嚓一声，肩骨碎裂。单雄信哪里知道，这一鞭可是打铁的劲头，急忙手捂肩膀，忍不住哇地吐了口鲜血，倒拖着枣阳槊趴在马背上落荒而逃。

李世民看得惊呆了，不禁张大了嘴，从树林里跑出来，一边连声叫好，一边使劲鼓起掌来。随后，尉迟恭一路保护着李世民回到了唐营。李世民挥舞着双手，激动地向大家描述了尉迟恭单鞭大战单雄信的经过，全营上下听了兴奋得连连鼓掌，没有一个不佩服尉迟恭的。

此后，李世民更加信任尉迟恭，常带他一起出征作战。那些曾经在背后说尉迟恭会反叛的人，也都改了口，为他叫起好来了。尉迟恭仍然一如既往，坦坦荡荡，继续跟随李世民南征北战，立下了汗马功劳。

第九章 玄武之变

唐朝建立后，因李建成是长子，李渊就立他为太子，封次子李世民为秦王，第三个儿子李玄霸早早去世，封四子李元吉为齐王。

秦王李世民手下有一批文臣武将，跟着秦王齐心协力，南征北战，势力越来越强大。太子李建成心生嫉妒，认为秦王的势力已对自己构成了威胁，为此起了歹心，处心积虑地要除掉李世民。

李建成长期留守关中，在京城长安有着广泛的人际关系，他以太子的身份出入宫廷，连禁卫军也不敢怠慢他。他通过送礼，拉拢了一大批皇亲国戚，让这些人替他在皇上那里多多美言。日子一长，李渊耳朵里被灌了不少风，果真处处维护他，多次委托他办理重要的军机大事，想以此在朝廷中树立他的威望。可是太子偏偏不争气，整天花天酒地。朝臣们一看，觉得这个太子没什么出息，不过是个花花公子而已。

一次，李渊父子四人出城打猎，高祖让他们兄弟骑马比箭。李建成早就算计好了，故意让人牵过来一匹烈马给李世民骑，李世民不知其中有诈，刚一上马，那马就狂跳起来，差点儿把他给甩了出去，幸亏李世民牢牢抓住了缰绳。那马不断地前仰后踢，他只得跳下马背，趁着马喘息的当儿，瞅准机会再次跨上去，就这么三番五次，好不容易才将烈马制服。

李世民后来才知道这是兄长要害他，感叹地对旁人说："唉，害人之心不可有，防人之心不可无啊！兄长要用这匹马来摔死我，殊不知生死有命，怎么能害得了呢？"谁知这话传到了李建成耳朵里，他就添油加醋地对皇帝的嫔妃张婕妤和尹德妃二人说："秦王简直太狂妄了，他竟然说上天授命于他，扬言这大唐的天下将来就是他的，怎么会轻易死掉呢？"

两个嫔妃又将这变了味儿的话，在枕头边吹给了李渊，李渊听后不由分说，气急败坏地把李世民召来，一顿呵斥。李世民受了冤枉，无论怎么解释，李渊就是不听。正闹得不可开交，外面飞报军情，急告突厥要来进犯，李渊一想，还得靠李世民率军打退突厥，就缓了一下口气，没再追究他。

李建成一看李世民毫发无损，气得直咬牙，于是一计不成又生一计。一天晚上，他假惺惺地对李世民表示："上次我无意让人牵了匹马给你骑，没想到是匹烈驹，让兄弟受惊了！今晚我请兄弟到府中饮酒，只为给你压压惊，借此叙叙兄弟情。"李世民一听，也没多想就应下了。席间李世民面对大哥的一再敬酒，就端杯一饮而尽，不一会儿就觉得肚子如刀绞般地疼痛。没想到大哥在酒中下了毒，要害死弟弟。幸好李世民的叔父淮安王李神通路过太子府第，将捂着肚子跑出门的李世民及时救走医治，才捡回了一条命。

李建成两次都没能害死李世民，心想，难道还真是生死有命？不禁心虚起来，虽然没敢再擅自动手，但还是不死心，于是找小弟做帮手，开始拉拢齐王李元吉。这个四弟李元吉，可不是个善茬子，平日做梦都想当皇帝，早就暗自对两个哥哥的实力进行了比较，以此决定自己投靠哪一方更有利。李元吉认为，要是投靠李世民，自己的才能远不如他，势力也不如他，想登帝位难上加难；如果投靠太子李建成，一来支持太子名正言顺，二来自己与他实力相当，没准儿今后还有夺取帝位的机会。总之，只要先把李世民除掉，再找机会解决李建成，还愁朝思暮想的皇帝梦做不成吗？于是就答应和李建成合伙，伺机除掉李世民。

公元626年六月，突厥进犯中原，李建成和李元吉密谋下来，决定利用这个机会，先把李世民的兵权夺走。李建成就向唐高祖推荐由李元吉出征突厥，理由是让年轻的四弟历练一番，李渊觉得有道理，就答应了。李元吉趁机提出要武将尉迟敬德（指尉迟恭）、秦叔宝、程咬金三员大将随他一起出征，这还不算完，又要求将秦王府的精兵全部调归他指挥。李渊一想，小儿子打仗要用兵，又是头一回出征迎战，就不假思索地全答应了。

李世民差点儿被害死过两回，为此伤透了心，也彻底看穿了李建成的诡计，如今情况危急，就赶紧找来长孙无忌、尉迟敬德等人商量对策。大家一听，就明白李建成和李元吉兄弟二人要削掉李世民的兵权，明摆着屠刀已经架到脖子上来了，都劝李世民应当先发制人，不然后患无穷。

李世民听了痛苦万分，不禁犹豫地说："兄弟互相残杀，实在于心不忍，传出去也大逆不道啊。不如等他们先动手，我们再反击。"众人一听，都急得直跺脚，愤愤地说："事到如今，秦王要是再不动手，就等着挨宰吧！再说，我们可不想跟着白白送死啊！"李世民沉默了好一会儿，无奈中咬了咬牙，终于横下一条心，决定先发制人。

当天夜里，李世民就去李渊那里告发要害他的兄弟俩，揭发李建成一直和尹德妃、张婕妤两人有着暧昧关系，李渊一听，像被蝎子蜇了一口似的，大吃一惊，愤愤地说："竟有这样的事？"

李世民说："父皇有所不知，不仅如此，太子和齐王还数次设计圈套谋害孩儿，幸亏他们没有得逞，不然我早就见不到父皇了。"说完，禁不住泪如雨下。

李渊听完，心跳不已，急忙对李世民说："你今日所讲，事关重大，如若属实，我饶不了他们！你先回去歇着，明天我一定要亲自审问他们。"

宫里的大小太监，历来成堆地戳在那儿，平日无声无息，但时刻都操守着充当耳目的使命。张、尹二妃很快听到了风声，就派人报告给了李建成。贵为太子的他，早已有恃无恐，觉得二弟在父皇那里告这点状实在算不得什么，人家妃子都一厢情愿，还不是我招人疼吗，这又何罪之有呢？再说守卫玄武门的是什么人？那都是全副武装的自己人，谁敢动粗？就算二弟命大，躲过一劫又一劫，如今除了背后告我点儿刁状，还能把我怎么样？

想到这儿，他随手抖搂出一点儿碎银子，打发走了特来报信的小太监，然后双手一背，看着小太监远去的身影，得意地笑了起来。他哪里知道，玄武门的守将常何头一天就被李世民给收买了。

第二天一早，李世民亲自率领尉迟敬德等人，前后埋伏在玄武门附近，等候着李建成和李元吉的到来。不一会儿，远处传来嗒嗒的马蹄声，只见太子李建成、齐王李元吉策马由远而近。当他们走到临湖殿时，隐约发现墙后有几个秦王的人，腰间都挎着刀，二人一看不妙，正要拨马往回走，就听见有人高喊："太子、齐王，为何不去上朝？"

二人回头一看，正是李世民，跟在他身后的是一群杀气腾腾的将领，李元吉见大事不好，慌忙张弓搭箭向李世民射去，由于做贼心虚，浑身紧张得直发抖，双手还没拉开弦，箭尾就噗的一声脱手蹭在弓杆上，然后弹了出去，慢悠悠地一头扎在几步远的土地上，溅起一缕淡淡的尘烟。李世民看在眼里，凉在心里，摇了摇头，随后吸足一口气，举弓搭箭，嗖的一下，不偏不倚，正中李建成的咽喉，太子翻身落马，口吐鲜血，当场就没了气息。

李元吉看到这一幕，惊得动弹不得，一时愣在那里，被李世民身后的众将数箭射去，只听"嗖嗖嗖"，李元吉躲闪不及，连人带箭从马上滚了下来。尉迟敬德催马向前，挥起钢鞭，取了二人的脑袋。

故事里的中国历史

这时，玄武门外人声嘈杂，马蹄声越来越近。李世民和他的数十名伏兵一路疾跑，迅速进入玄武门内。紧接着，东宫和齐王府的卫兵们也赶到了，他们开始攻打玄武门。紧要关头，尉迟敬德把李建成和李元吉的人头高高举起，东宫和齐王府的士兵一看，顿时都惊呆了，心想，这明摆着是兄弟反目成仇啊！如今胜者为王，将来的太子之位非秦王莫属，我们还打个什么劲呢！于是统统放下刀枪，听候李世民处理。

这就是历史上著名的"玄武门之变"。

当李渊得知太子和齐王已死的消息时，还没来得及悲痛，一切已经成了定局。到了这个份儿上，老爷子还能说什么呢？接下来唯一能做的事，就是照着大臣们的建议，宣布建成、元吉的罪状，立李世民为太子。过了两个月，唐高祖感到身心疲惫，于是干脆让禅，退位做了太上皇，秦王李世民即位，史称"唐太宗"。

第十章 夜袭阴山

我国北方有一个古老民族叫突厥,自6世纪中叶以来,活跃在蒙古高原和中亚地区,是中国西北和北方草原地区继匈奴、鲜卑、柔然之后又一个强悍的游牧民族。突厥从打败柔然到征服欧亚草原只用了短短三十年的时间。从此整个欧亚草原的人都被称为突厥人,而他们却有着不同的族源。东部的蒙古高原,大多数突厥人是东胡各族的后代,而西部尤其是河套地区,是印欧语民族的后裔。在隋末唐初时,突厥人逐渐强大起来,由于东西两大部落各立山头,互不买账,于是分裂成东突厥和西突厥,其中东突厥更为强大。当初唐高祖李渊在太原起兵对抗隋朝,为了消除后顾之忧,不但没敢得罪这个强悍的游牧民族,反而向东突厥示好。唐朝建立后，东突厥贵族仍旧不断侵扰唐朝边境，闹得当地民不聊生。

公元626年，唐太宗即位以后，东突厥的颉利可汗（颉xié）认为唐太宗刚刚即位，国家还不稳定，此时乘虚而入，懦弱的百姓哪里敢反抗？于是率领十多万人马南下，没费什么劲，就攻到离长安只有四十里的渭水河边。接着他派遣使者去见唐太宗，恐吓说："一百万突厥兵随后就到。"

唐太宗听了很气愤，他根本不理会颉利可汗的威胁，立马就把使者给扣了起来。当时长安的守军很少，形势十分危急。唐太宗面对众多的突厥顽敌，虽然手里缺少兵将，但心想：我大唐绝不能认怂，古有军师诸葛亮巧施空城计，挡住了司马懿的十万大军，成为千古美谈，难道我就不能仿效先哲，也来个虚张声势，蒙他们一下吗？

他马上布置长安的唐军，分别拉开队形，呈扇面摆开作战的阵势，命所有的宫人穿上军服，在后面挥舞着旌旗，再令数十名鼓手齐刷刷地演奏起一段振奋人心的大唐古乐。在隆隆的古乐声中，唐太宗亲率房玄龄等六名将领，由弓箭手们骑着战马在一旁护卫着，乘坐战车来到渭水边的便桥，让颉利可汗出来隔河对话。

颉利可汗听说使者被扣，又突然听见鼓声隆隆，已经吃惊不已；眼下见唐太宗亲自上阵，后面旌旗招展，喊声震天，心里就打起了鼓，不禁诧异地对左右说："我怎么一路过来都没见过这个阵势，长安兵什么时候变得这么强了？这也太邪乎了！"左右听了忙说："大王千万小心，断不可轻举妄动啊！"颉利可汗听了心里更加

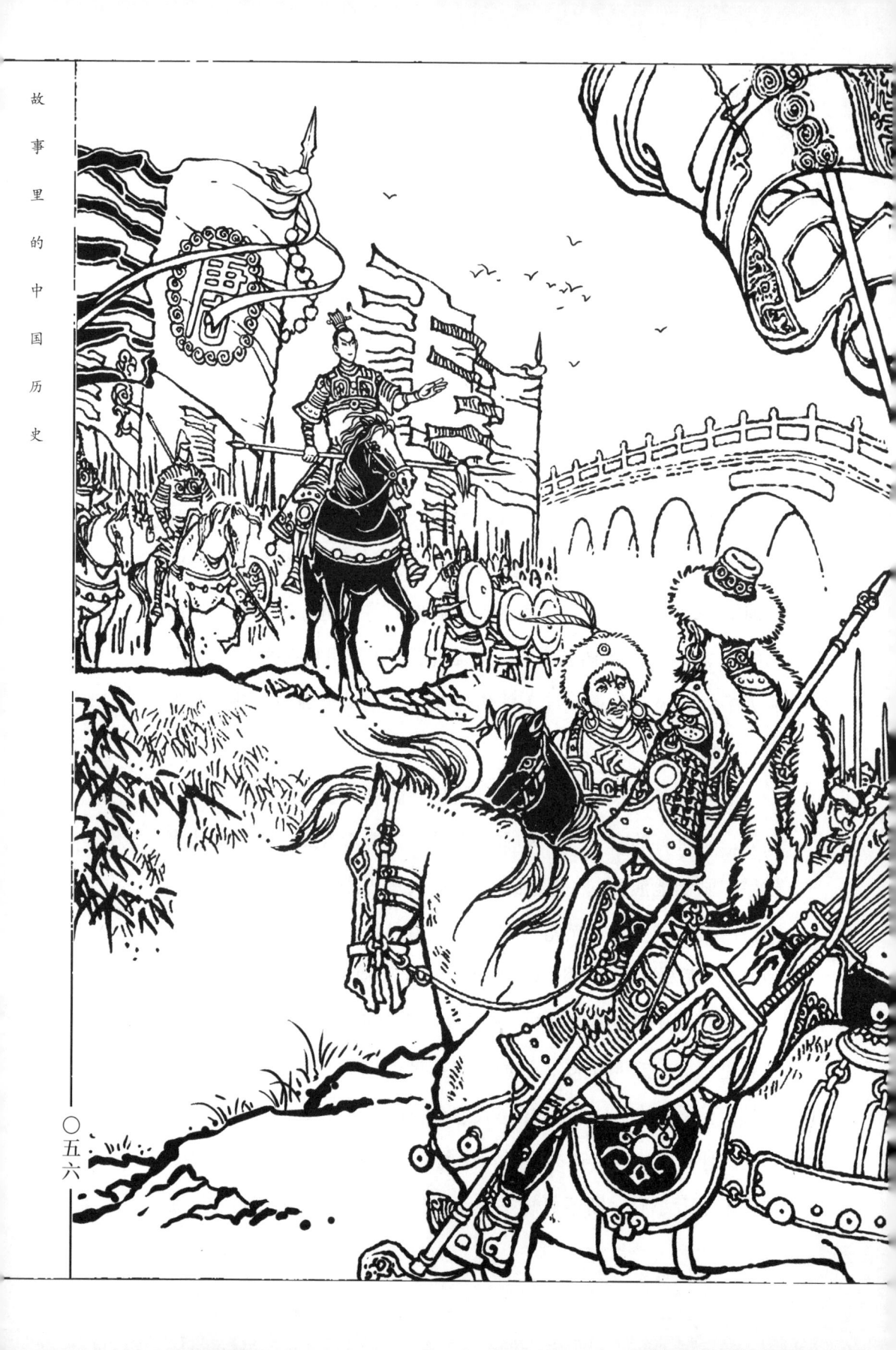

发怵。隔着渭水想了想,还是下马先拜见了唐太宗再说。

唐太宗隔着渭水,底气十足地对颉利可汗喊话:"我们两家早已订立盟约,这些年金银布匹给你们的还少吗?如今为什么要背信弃义,领兵进犯我大唐江山呢?"

颉利可汗被责问得无话可说,面对河岸那边的虎虎军威,猜不透唐军有多少人马,至少眼前这种从未见过的布阵一定藏有玄机。他越看心里越没底,只好闷哼了一声,不太情愿地拱了拱手,表示愿意讲和。随后,双方在便桥上签订了盟约。

盟约签订后,唐太宗舒了一口气,接着笑呵呵地对颉利可汗说:"既然来了,要不要到这边来欣赏一下我们的唐韵大鼓?"颉利可汗听了心里一紧,生怕有诈,还没来得及回答,手下人连忙赔着笑脸替他回复:"多谢唐皇相邀,我们大王回去还有要事,实不敢久留,就此告辞。"一边说一边挽着颉利可汗,转身匆匆带领着大军退去了。

唐太宗仿效先哲,巧妙地躲过了这一劫。虽然惊吓一场,但事后也不免一阵后怕。此后,每天清晨,唐太宗轮班召集几百名将士在殿前练习射箭,并向他们提出要求:一要神速,二要准确,谁要是贪图安逸,忘了保家卫国的使命,一律革职还乡。经过唐太宗的严格训练和不断激励,将士们天天都坚持刻苦练武,人人争做中靶十环的标杆。此外,无论马上马下,唐太宗要求将士们学会运用各式兵器,每日对打练习,从中练就出各种能够克敌制胜的招数。几年下来,终于训练成一支能征善战的精锐部队。

公元627年,北方连续下了几场大雪。东突厥的牲畜死了不少,大漠以北发生了罕见的饥荒。颉利可汗为了躲避灾情,拼命加紧对其他部族的争夺,引起了各部族的强烈反抗,结果突厥内部闹得四分五裂。唐太宗一看时机成熟,于公元629年冬,派出李靖、徐世勣等将领率军十多万,分兵北上,准备对颉利可汗进行突袭。

　　李靖是唐朝初年杰出的军事家,熟读兵法,精于战术。他于隋朝末年归附李渊,在为唐朝统一的战斗中,立下了不少战功。到了公元630年初,李靖亲自率领三千精锐骑兵,从马邑出发,昼夜行军,趁突厥不备,直捣他们的营地。突厥将士发现唐军从天而降,一个个都傻了眼,说:"这一定是唐朝集全国的兵力来围剿,不然,李靖哪里敢孤军深入?"

　　李靖事先派人混进突厥内部,说服了颉利可汗的一个将领起义投诚。这时,营帐后一阵鼓声,还没等唐军冲过来,突厥兵先乱了阵脚。颉利可汗摸不清底细,只知内部有叛军,就赶紧偷偷逃跑了。

　　李靖以少胜多,攻下了定襄,凯旋回朝。唐太宗龙颜大悦,封赏了有功的将士。颉利可汗逃到阴山以北,感到已是穷途末路,又怕唐军继续追赶,就派使者到长安求和,并说要亲自来朝见。唐太宗深知颉利可汗不是什么等闲之辈,就做了两手准备:一面派大臣唐俭到突厥进行安抚;一面让李靖带兵前去仔细察看动静,随机应变。

　　李靖接到命令后,到白道(今内蒙古呼和浩特市西北)和徐世勣会师。李靖说:"颉利可汗狡诈多变,现在虽然失败了,可手下人马还不少。这次要是让他逃跑了,以后再追可就困难了。为了根除后患,这回咱们直捣他的老窝,来他个一了百了,你看怎么样?"徐世勣完全赞成他的意见。二人商议妥当,两支军队就向阴山连夜进发。

不出所料,颉利可汗的求和只是缓兵之计,他想等到春暖花开,草青马肥时,再回到漠北,伺机东山再起。当他正打着如意算盘的时候,唐朝的使臣就到了。颉利可汗暗暗窃喜,装着高高兴兴的样子招待唐俭等人。

忽然有人进来急报:"唐兵大举进犯,离大营不到十里了。"颉利可汗一听大惊失色,忙问唐俭:"这是怎么回事?大唐天子既然答应讲和,怎么还派兵前来攻打,难道你们的君王言而无信吗?"

唐俭急忙起身说:"可汗不必惊慌,我是从长安来的,还没有和李将军他们联系,一定是误会了,恐怕李将军还不知情,所以带兵来了。事不迟疑,我马上就去阻止他,可汗不必担心!"话音刚落,唐俭就飞快地走出了突厥营帐,翻身上马,一溜烟儿就不见了踪影。

此时,李靖的先头部队趁着夜雾,已经来到了与突厥营帐相距不到七里的地方。颉利可汗一看唐俭有去无回,这才弄明白自己被算计了,现在大军压境,已经来不及部署兵力了,只得慌忙骑上他的千里马溜之大吉。李靖率领唐军浩浩荡荡追杀过来,突厥兵一看没了主帅,乱成一团。唐军包围了大营,面对仍然负隅顽抗的敌军,一律格杀勿论。突厥兵互相践踏,死伤一万多人。唐军这次突袭,俘获了大批俘虏和牲畜。

此时的颉利可汗就像一只没头苍蝇，东奔西逃，最后带着几个亲兵躲在荒山野地里。他的部下眼看就要坐以待毙，一琢磨，索性绑了颉利可汗交给唐军，自己还能有一条生路。这一来，颉利可汗被手下押送到长安，唐太宗一琢磨，出于以后疆域自治的考虑，觉得留着他还有用，就留了他一条性命。曾经强悍无比的东突厥就这样灭亡了。

这次北上征剿，大大提高了唐太宗在西北各族中的地位和威望。同年，北方各族首领一起来到长安，施礼纳贡，朝见唐太宗，并一致拥护唐太宗为他们的共同首领，尊称他为"天可汗"（可汗，原为中国古代西北各族君主的称号）。

第十一章 贞观之治

玄武门之变后，李世民当了皇帝，年号"贞观"。贞观初年，由于北方突厥的袭扰，社会秩序还很不安定，加上各地自然灾害不断，老百姓的日子依旧过得清贫困苦。

与以往的历代君主相比，唐太宗李世民是一位善于总结历史经验、思想开明的君王。他能够集思广益，以超高的智慧和才能，小心翼翼地治理着大唐王朝。唐朝在二百九十年的统治中，开创了一百三十年之久的太平盛世，成为中国历史上最长的王朝之一。

李世民即位后，经常与大臣们总结历代统治者的经验教训，特别是隋朝的覆灭，他时时引以为戒，通过认真回顾造成王朝更迭的历次农民起义,来重新审视人民的力量。他常对大臣们说:"君王好比舟,百姓好比水,水能载舟,亦能覆舟。"

在李世民的警钟长鸣下,大臣们清醒地认识到,历代皇帝一旦得到了天下,往往就变得骄奢淫逸,以致重蹈灭亡的覆辙,几乎成了铁的定律。为使唐朝长治久安,唐太宗取消了原有的苛捐杂税,改为轻徭薄赋、与民休养生息的政策,从而大大促进了农业的复苏和生产的发展。他刚即位,就马上下诏免除全国各地一年的租税,对关内及蒲、秦等六州较贫困地区,免除两年的租税。这一政策的落实,得到了各地百姓的热烈拥护。

唐太宗实施的轻徭薄赋政策,体现在国家非征不可的徭役,改在农闲的时候进行。公元631年,太子承乾的加冠典礼打算如期举行,按照惯例,需征发各地的府兵做仪仗队。唐太宗一看正值农忙季节,认为皇家这时候更要以身作则,于是下诏将加冠礼的举行推迟到农闲时再进行。

此外,太宗十分重视人才的举用,他的用人原则是:"内举不避亲,外举不避仇。"摒弃以往君王大多"任人唯亲"的惯例,推崇"任人唯贤"的做法。这一来,许多有才干的人被唐太宗任命为各级官吏,其中包括原来太子李建成手下的许多人。

当初李建成还是太子的时候,他手下有很多人想在主子面前立功,总想找机会加害李世民。玄武门之变后,唐太宗并没有记恨前仇,采取连坐诛杀,而是根据他们各自才能的大小,继续委以官职。这个开明的举措深得人心,使得这些人转而为太宗尽忠效力。太宗在位期间,共任命宰相二十九人,绝大多数都是当时社会的杰出人才。此举对改善吏治、促进政治清廉起到了显著成效。

唐太宗在选拔、任用贤才的同时,最令人称道的是能够听取、采纳大臣们的意见。他认为自己治理国家,考虑得再周到,也有挂一漏万的地方,只有听取各方面不同的意见,才能富民强国。公元630年,唐太宗下令修复洛阳宫乾元殿,身为督导官的大臣张玄素上书说:"陛下当初攻克洛阳,烧掉了隋王朝宫殿,现在还不到十年,却要加倍修建。为什么以前厌恶它,如今又效法它呢?现在民力疲惫,百废待兴,如果陛下执意要修复这座宫殿,那是重蹈覆辙,同样走上亡国的路,这个罪过恐怕要超过隋炀帝呀。"唐太宗听了,内疚地叹息了一声,说:"爱卿所言极是,还是朕考虑不周啊。"接着赏赐张玄素绸缎二百匹,随即叫停了工程。

由于唐太宗鼓励进谏,又能虚心接受意见,朝廷中形成了进谏的风气,出现了一大批敢于进谏的大臣。一次,李世民下令,凡官员伪造资历,限期自首,改过自新。如限期过后被查出有伪造行为,即刻斩首。政令颁布下来,还真有冒牌的官员被大理少卿(相当于最高法院副院长)戴胄忠(胄 zhòu)给查了出来,但只给他们判了流刑。李世民得知后很不满地责问戴胄忠:"你故意轻判,那以后我说话还算数吗?"

戴胄忠不慌不忙地回答:"陛下的命令,不过出于一时的喜怒。而法律是要经过再三斟酌才能颁布天下,使国人共同遵守。陛下是一国之君,应忍小忿而存大信,是为明君。"李世民听了恍然大悟,欣慰地说:"爱卿执法如山,泾渭分明,我大唐江山不乏名臣,社稷何以堪忧?"

自那以后，唐太宗更加重视法治的严明，他曾对臣下说："国家法律绝不是帝王一家之法，而是天下人都应遵守的法律，因此一切行为都要以法律为标准。"

唐太宗的儿子李恪亲王打猎时，不仅踩坏了百姓的庄稼，还对农民造成了伤害，李恪凭借着"我爸是皇上"，有恃无恐，不以为意。结果被御史监察官柳范获悉，马上弹劾了他。

唐太宗得知后觉得丢人，本能地开始护犊子，责备柳范说："这都是亲王府长史（相当于秘书长）权万纪的责任，他没能及时阻止李恪的行为，才造成这样的后果，理应将他判罪！"

柳范听了不紧不慢地回答："陛下重臣房玄龄尚不能阻止陛下打猎，总不能判房玄龄犯有玩忽职守之罪吧？同样道理，现在怎么能单单责备权万纪呢？"

李世民一时竟无言以对，气得转身向后宫走去。待怒气稍稍平息，他咀嚼柳范的话，才发觉的确是自己不占理，不禁暗暗佩服柳范秉公处事。随即召见柳范，不仅同意他罢免李恪的官职，同时嘉勉了柳范。事后，唐太宗还收回了这个儿子的封地。

亲王违法被弹劾一事，不胫而走，一时传为佳话。在唐朝贞观时期，王子犯法与庶民同罪的例子屡见不鲜。为此，逐渐形成了人人遵纪守法的社会风尚。据载，贞观三年（629年），被量刑下来的全国犯人，判处死刑的不足三十人，这在几千年的古代社会中都是少见的。

在处理与周边各民族的关系上，唐太宗历来重视与邻国和睦相处，避免各种挑衅事件升级，尽量消除引起战争的隐患。在迫不得已的情况下，才动用武力。唐太宗即位后，首先击败了一再挑衅的突厥，擒住颉利可汗；随后平定了被吐蕃侵袭之后、吐谷浑部落大举内迁而引起的骚乱。

贞观十二年（638年），高昌（今新疆维吾尔自治区吐鲁番市）麴文泰联合西突厥入侵唐朝的伊吾（今新疆维吾尔自治区哈密市），虽远在天边，那也是在打"天可汗"的脸哪！李世民愤怒地提出了："犯我大唐天威者，虽远必诛！"

贞观十四年初，李世民组建了由陈国公侯君集为首领的远征军，长途跋涉七千余里，途经荒无人烟的戈壁滩大沙漠，历尽千辛万苦，最终包围了高昌城。麴文泰做梦也想不到"天可汗"的大军居然突破重重险阻，忽然从天而降。一眼望去，兵临城下的大军旌旗招展，鼓声隆隆，结果还没等唐军攻城，高昌国王已经被吓破了胆，口吐苦水，倒在地上死了。

大唐军队一往无前的震慑力，在心理上已经征服了高昌国的众将士。末了，麴文泰的儿子麴智盛大开城门，无条件投降。唐军一路威震天下，所向披靡，顺手又把西突厥给收拾了。

唐太宗在位时期励精图治，由于采取了文治武功等一系列措施，把一个民不聊生、内忧外患、满目疮痍的国家，逐步建成一个经济繁荣、国力强盛、政治清明、社会安定的强国。这段历史被后人广为赞誉，史称"贞观之治"。

故事里的中国历史

〇六六

第十二章 犯颜直谏

由于李世民是一个善于听取臣下意见的帝王，所以在贞观年间，朝廷政治比较开明，形成了一股君臣之间能够敞开心扉、平心静气讨论问题的清廉风气，当时敢于据理力争、直言不讳向皇帝提意见的人要算是魏徵了。魏徵原是东宫李建成的手下，玄武门之变后，有人向李世民告发，说魏徵曾劝太子李建成谋杀当时的秦王李世民。太宗听了实在堵心，就把魏徵召来，直截了当地质问他："你当初为什么要劝我兄弟害我呢？"

这对魏徵来说，明摆着是死罪，无论怎么回答，都可能会被杀头。魏徵听了心一沉，知道背后有人翻旧账，目的是要借刀杀人，于是叹了一口气，索性把心一横，坦坦荡荡地答道："回禀陛下，如果当初太子李建成听我的劝告，先下手为强，他也不会自投罗网，坠入玄武门的悲剧而草草送命。人各为其主，臣不过是效犬马之劳罢了。再说，我效忠于主人李建成，您觉得有什么错吗？"

魏徵回答得如此干脆利落，又透着一股子侠肝义胆的豪气，实在出乎李世民的意料。太宗不禁暗暗钦佩起他的忠诚与才干，不但没有处置魏徵，还忍不住当众为他喝起彩来："爱卿有种，好样的！"没过几天，就任命他为谏议大夫。

唐太宗虽然希望大臣们给他提意见，但在有些事情上，当魏徵反对他的做法时，他却不太能爽快地接受。比如：唐朝规定十八至二十一岁男子开始服兵役，唐太宗为了扩军，临时决定让十六岁以上的小伙子统统应征入伍。不少百姓家的孩子还没有长大成人，突然要被征集服兵役，不知有多少父母眉头紧锁，忐忑不安地整天揪着心。

诏令发出以后，魏徵极力反对，唐太宗很恼火，就对他大加训斥。魏徵却毫不畏惧，十分严肃地进谏道："陛下现在把强壮的少年全都抽去服兵役，那么田地由谁来耕种？社会上的各种工作由谁来做？况且兵不在多，而在于精啊。"李世民听到这里，觉得有理，不禁点点头说："爱卿所言不无道理，接着往下说。"

魏徵继续谏言："陛下常常讲，作为一国之君，不能失信于民，可是国家的法律明明规定，十八岁以上的男丁才符合服兵役的要求，您何必为了凑数，把不够年龄的少年也拉去当兵呢？您这样将失信于民，百姓一定会怨声载道，臣也实在不能从命。"

太宗被魏徵说得有点儿挂不住脸，不服气地责问："难道我做过什么失信于民的事吗？"

"陛下刚即位时，下过一道诏书，为了减轻百姓的负担，提出百姓拖欠官家的财物一律免掉，这道诏书受到百姓的一致拥护。不料等到实施时，却又规定拖欠秦王府的财物要归还。当初您是秦王，现在已是皇上了，难道秦王府就不是官家吗？您这不是前后自相矛盾吗？臣以为，陛下要取信于民，就不能朝令夕改。"

听了魏徵的这一番有理有节的话，唐太宗一下子没了火气，他不禁摇了摇头，有些愧疚地对魏徵说："先生所言极是，不愧是朕和国家的一面镜子啊！不错，朝令夕改，会让百姓不知所措，以后再有什么命令，老百姓就不会相信了，国家若没有百姓作为基石，就不可能有发展。"说完，唐太宗立刻下令停招十六岁男丁服兵役，还特意奖赏了魏徵。

到了贞观中后期，百姓安居乐业，国力强盛，社会更加安稳。唐太宗就渐渐淡忘了创业初期的艰辛，励精图治的锐气也慢慢消减了，面对蒸蒸日上的太平盛世，反而滋长了帝王的奢侈之心。

一次，唐太宗在前往洛阳途中，进驻到他的显仁宫（今河南省宜阳县西南）里休息，随后有侍女前来敬茶，太宗一看茶盘、茶杯都是前朝用过的旧银器，心里很不痛快，就叫人把总管找来，责问说："我大唐天子御驾出行，难道还要用前朝的旧器皿吗？"一句话吓得总管忙赔不是，赶紧退出宫找新茶具去了。

第二天，魏徵知道了这件事，匆匆来到太宗所住的宫殿。拜见太宗后，魏徵开门见山地说："陛下，臣听说您因为总管侍奉不周而发了脾气，不知是否属实？"唐太宗没好气地说："我身为一个帝王，难道不该享受真金白银的新茶具吗？况且我大唐国库充实，不差这几个小钱吧？"

魏徵上前一步说："陛下，这可不是个好苗头啊。正因为您是一国之君，所以您只要一开这个头，马上就会上行下效，整个社会就会形成一股奢靡的风气，到那时可就糟了。""此话怎讲？"太宗听了不服气，倒要看看魏徵怎么说服自己。

"陛下一定还记得，想当年隋炀帝巡游江都，每到一处，地方上如果不奉献美味佳肴，就会被责罚，这样毫无节制地追求奢侈享受，老百姓怎能负担得起？最终还不是导致民众造反、江山丢失的严重后果吗？陛下怎么能效法隋炀帝呢？"唐太宗听完惊出一身冷汗，瞪大了眼睛问："小小一副茶具，只不过更新一下而已，怎么就变成了我在效法隋炀帝呢？"

魏徵答道："不错，陛下只不过是初露端倪而已，然此风不可长啊！如今像显仁宫这样的御品供应，其实已经足矣。当然，隋炀帝要是在的话，即使再丰盛的美味佳肴，再豪华金贵的器皿，恐怕也难满足他的欲望与奢求。"唐太宗听到这会儿，才感动得脱口而出："你可真行，讲得无拘无束，头头是道，句句在理。要是其他大臣在我面前，无论他们怎样进谏，是从来讲不出你这种话的啊！"

由于魏徵经常犯颜直谏，有时让太宗当着众人面很难下台阶，日子一久，太宗明知他是为了国家社稷在尽职尽责，但对他还是打心眼儿里犯怵。这不，在一个秋高气爽的九月天，唐太宗准备去漫山枫叶的南郊游玩，车驾已经准备妥当，兴高采烈的太宗在随从们的簇拥下正要上车，但不知怎么的，只见太宗若有所思，就马上取消了行程，在回宫的路上正巧碰上了魏徵，魏徵就问："臣听说陛下要去南山赏秋游玩，车驾都备好了，为什么又回来了呢？"

太宗无奈地笑了笑说："朕刚才确实要去南山赏枫，再一想，又颇感不妥啊！光阴荏苒，来去难免耗费时光，延误朝政公事。再说，朝廷上有你这位谏议大夫在，若是当众责怪起来，让朕的脸往哪搁呀？"魏徵会意地哈哈一笑，连连拱手说："圣上以社稷为重，实乃我大唐子民的万福啊！微臣钦佩之至！"

公元643年，魏徵得了重病，唐太宗十分挂念，不断派人送去药品和食物，还派遣专人到魏徵家里看护照应，并要求随时禀报病情。这期间，太宗先后两次到魏徵家中探望。看到魏徵一副憔悴无神的样子，太宗内心非常忧伤，一再嘱咐他安心养病，随后又忍不住流着泪问他："你有什么要求，尽管说，我一定满足你。"魏徵强撑着探起身，说："我不愁别的什么事，只是担心国家的兴亡。"

太宗听了不禁暗暗感叹："爱卿真是鞠躬尽瘁，死而后已啊！"魏徵去世后，唐太宗为了纪念他，常对身边的人说："朕用铜作镜子，以正衣冠，明我大唐威仪；用历史作镜子，以知兴衰，铭记前车之鉴；用魏徵作镜子，以察秋毫，方可防微杜渐……唉，如今爱卿驾鹤西去，朕失去了一面宝镜啊！"其实，太宗早已把魏徵看作是自己执政的一面明镜。此时在唐太宗惋惜的哀叹中，由衷地对这位谏议大夫给予了高度赞扬。

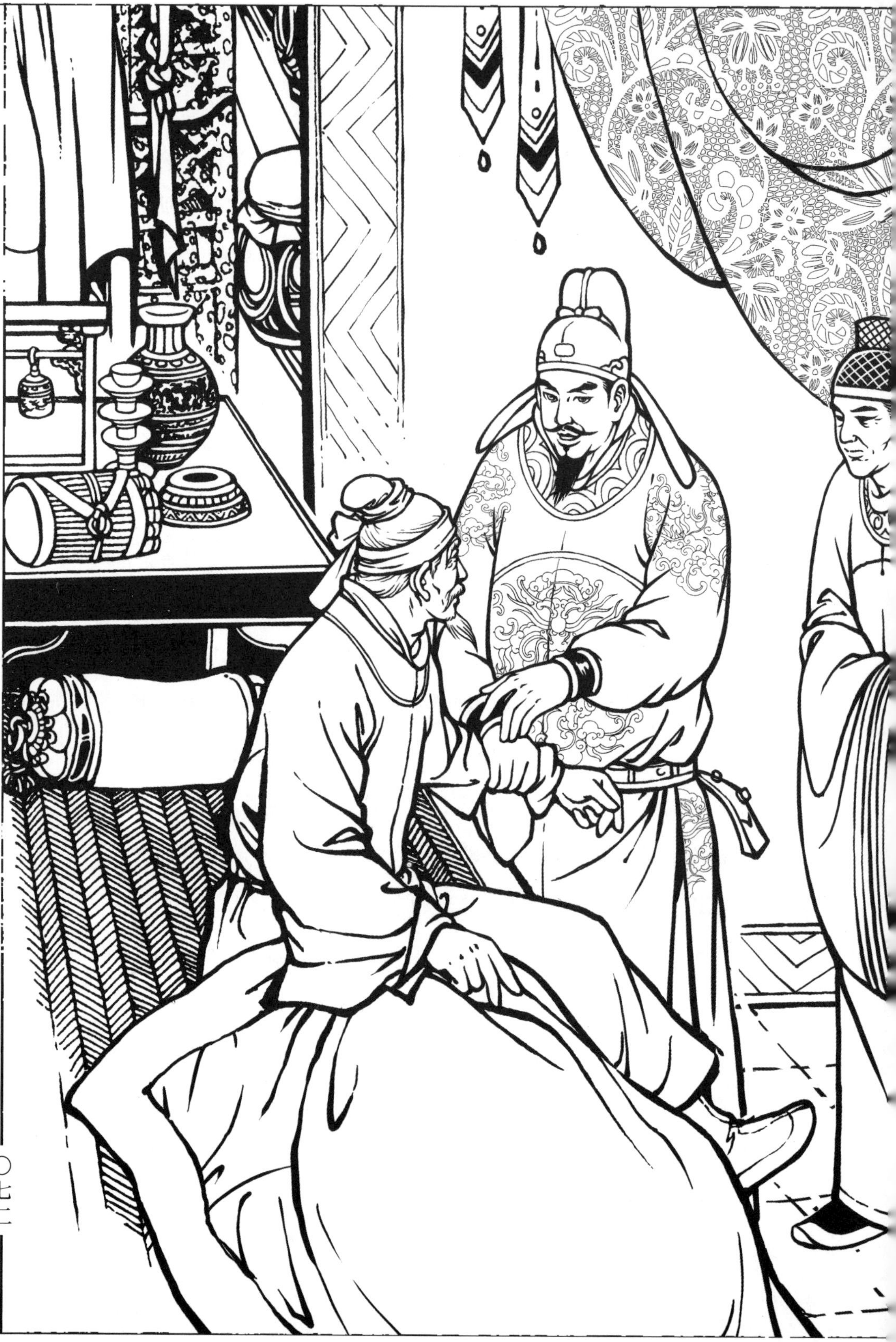

第十三章 布衣宰相

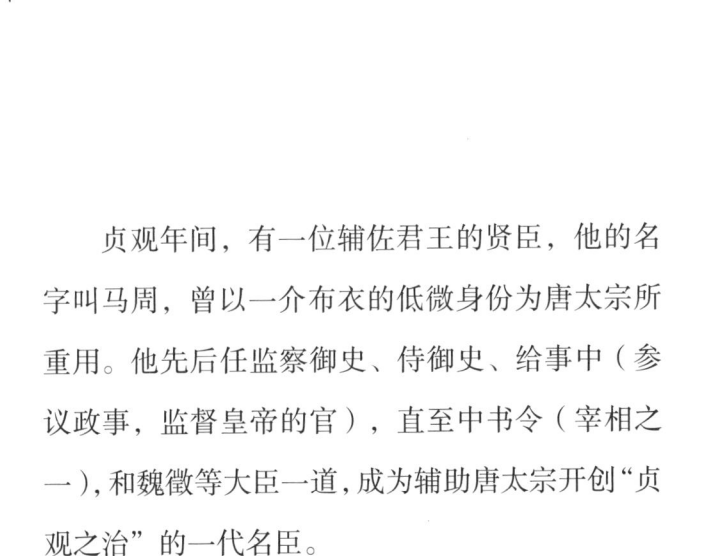

贞观年间,有一位辅佐君王的贤臣,他的名字叫马周,曾以一介布衣的低微身份为唐太宗所重用。他先后任监察御史、侍御史、给事中(参议政事,监督皇帝的官),直至中书令(宰相之一),和魏徵等大臣一道,成为辅助唐太宗开创"贞观之治"的一代名臣。

马周,字宾王,在他很小的时候,由于家境贫寒,父母过早地去世了。沦为孤儿的他,没有向命运屈服,反而加倍地勤奋好学,小小年纪就通读了很多史书。天资聪颖的他,通过不懈地努力,二十岁就已经满腹经纶了。

通过精读史书,他心中逐渐萌发了一种使命感,打算到京城长安,看看有什么机会能为国效力。他来到离长安不远的新丰县，住在一个小店里，因为身上带的钱少，拖欠了些店钱，店主就看不起他，经常对他冷言冷语，马周也不介意。一次，马周出行回来感到很疲惫，由于人地生疏，报国无门，一时心中郁闷，就让店主拿来一坛一斗八升的酒，独自豪饮，以解愁闷，这下把店里的伙计和客人都看呆了。店主瞧他器宇不凡，像个能成大事的人，心想没准儿将来还得仰仗他呢，于是不再跟他计较了。不久，马周来到了长安，投奔到中郎将（侍从皇帝的武官）常何门下，做了个门客。

贞观五年（631年），唐太宗为了进一步巩固统治，要求文武百官每人写一篇谈论朝政得失的文章，想看看大臣们对于治国平天下有什么建议。这下可把常何急坏了，他平日是个威风凛凛的武官，并不懂什么治国之道，更不会舞文弄墨，但皇上的圣旨又不能违抗，他就向家里的门客们求教。大伙儿一听，心想，这可是个难干的差事，写不好就会露怯，到时候还不够丢人的呢！马周一看大家都不吭声，就胸有成竹地对常何说："先生放心，交给我来写吧。"常何一听，高兴地拍了下马周的肩膀，说："太好了！兄弟可解了我的燃眉之急了。"

马周回到住地，静了静心，罗列了大大小小二十多件有关修改朝政议案方面的例子，文章针砭时弊，有的放矢，切中要害。不但指出了当下存在的大小症结，而且提出了具体的修改方案。几天后，常何把这篇议政的文章呈给了唐太宗。太宗看后如获至宝，但又感到很奇怪，他眼里的常何，是个作战勇猛、为人诚实的将领，这种由表及里的通透文章，他怎么可能写得出来呢？于是就笑着问常何:"我猜你一定请到高手了。这真是难得的好文章啊!可到底是谁写的呢?"

常何马上如实回答:"回禀陛下,微臣可没有议政这个本事,这是臣的门客马周,花了几天时间代臣写的。"

唐太宗一听,喜上眉梢,常何门下居然还有这么一个奇才?就想马上见到他,命人速到常何府中将马周请来,可偏偏马周外出,不在府中。唐太宗求贤若渴,先后四次派人去请,终于将马周请到了皇宫。

唐太宗见马周一身布衣,跟衣冠楚楚的朝中大臣形成鲜明对比,又见他目光炯炯、步履轻盈,气质非同一般。不多一会儿,君臣开始讨论起天下局势、朝政方针和治国之道。马周如鱼得水,侃侃而谈。对上至尧舜、下至当朝的为政得失,分析得入木三分。唐太宗不禁连连感叹:"与君相见恨晚啊!"

聊了半晌,太宗心里暗暗庆幸:从下令臣子撰写论政文章,发现了一位贤臣,这不是我大唐的幸事吗?一高兴,当场就让马周到掌管机要的门下省任职。由于马周常对国家的治理工作建言献策,不到一年,又被任命为监察御史。唐太宗为了答谢举荐马周的伯乐常何,赐给了他三百匹锦缎。

曾是一介布衣的马周,如今终于有了用武之地,他十分感激唐太宗对他的信任,尽其所能地报效国家。马周任监察御史后,向唐太宗提出了三点建议:一是要以孝为先,照顾好年迈的太上皇李渊;二是不要用国家的官职作为赏赐;三是取消分封世袭制。原来,唐太宗即位后为了赏赐皇子和功臣,曾经分封众皇子和功

○七六

臣为各州的刺史，使他们拥有大片的领地，占据了许多老百姓的良田，并且子孙世袭。

马周向皇上建议，可以给众皇子和功臣丰厚的赏赐，让他们过上富裕安定的生活，这已经足够了，并非一定要给他们封官加爵，才算对他们好，否则，对国家社稷、黎民百姓没有一点儿好处。唐太宗很赞同他的意见，下诏取消了分封世袭制，同时提拔马周为侍御史（官职在御史大夫之下，接受公卿奏事，举劾非法官员）。

公元637年，马周从以往的朝代兴亡展开论证，阐述了唐朝以前的那几个朝代，由于君主一味追求荒淫奢侈的生活，挥霍浪费了国家大量的财力物力，不但摒弃休养生息、爱护百姓的做法，而且还不断横征暴敛，搜刮民脂民膏，最终导致相继覆灭。这些历史教训总结起来：一是君王昏庸，穷奢极欲；二是失信于民，巨额耗费；三是任用奸臣，打压忠良，最后不得不走向灭亡。

他还重点谈了隋朝灭亡的原因，认为在隋文帝杨坚统治时期，国家的基础比较雄厚，完全有条件长治久安，但是隋炀帝杨广登基后，一面追求荒淫无度的腐化生活，一面对老百姓大肆盘剥，以致失去民心，最终天下大乱，到头来自己命丧扬州。总之，马周谏言唐太宗，应以隋朝兴亡为前车之鉴，时刻牢记隋亡的教训，绝不能高枕无忧、坐享太平盛世，而不顾百姓安危。只有让老百姓安居乐业，才能长治久安，达到巩固唐朝统治的目的。

最后马周指出，自古以来，国家的兴亡并不在于国库是否丰盈，而在于老百姓的苦乐。由此他建议唐太宗必须高度重视刺史、县令等官职的考核与选拔，他们的作为关系广大民众的利益。

李世民看过这个奏折后，深为马周的治国才能而叹服，更加重用他了。

马周不仅在朝政大事上提出过许多改良的建议，在日常小事上，也有一些细致入微的创意和改良。在唐朝以前，官服只有黄色和紫色的，不容易分辨品级，时常会闹些小误会。马周建议多设置几种颜色，并详细地规定四种颜色来统筹各品官员的服饰，即三品以上官员的服装为紫色，四、五品为红色，六、七品为绿色，八、九品为青色。从那以后，官服的颜色和品级相对应的做法，就开始一代代地延续下来，一直到清朝灭亡。

公元648年，马周由于为国事操劳过度，积劳成疾，终于病倒了，太宗速派御医给他看病，并且还亲自为他熬药，命皇太子也来探视。可眼前的马周已经病入膏肓，他在临终前吩咐属下把这十几年给皇帝的奏折统统烧掉，并说："春秋时期齐国政治家管仲和晏婴（晏yàn），往往通过进谏来显露君主的过失，从而赢得身后的名誉。臣有幸深得陛下信任，故不想这样做。"

马周病逝时，年仅四十八岁。唐太宗为了纪念他，举行了隆重的国葬，并将马周的遗体陪葬在自己的皇陵旁。

第十四章 一代贤后

英明神武的李世民，开创了大唐盛世，是我国古代一位不可多得的开明君主。唐太宗能取得辉煌的成就，除了依靠一批忠诚于他的文武朝臣、实施文治武功的韬略之外，更是得力于他贤淑温良的妻子——长孙皇后的大力辅佐。

长孙皇后的父亲是北周名将长孙晟（shèng），在她八岁时，父亲就早早去世了，幸好舅舅高士廉收留了她和哥哥长孙无忌。贞观五年（631年），高士廉入朝，任吏部尚书，进封许国公。高士廉比较熟悉朝廷里门阀官宦的那些事，为此善于鉴别人才，凡是他任用的官员，大多能够谨守职责。长孙氏的舅舅对她影响颇深，为此，她待人接物通情达理，举手投足落落大方，远比一般的富家大小姐要成熟得多。正值花季年华的她，就嫁给了李世民为妻。

李世民风华正茂，文武双全，谁都赞叹他们是天生的一对郎才女貌、恩爱有加的少年夫妻。当李世民二十一岁随父亲李渊在太原起兵时，长孙氏就紧随着丈夫四处奔波，无微不至地照料他的生活起居，在那个战火纷飞的岁月里，李世民时常得到妻子的抚慰和支持，使他在战场上更加勇猛顽强。

玄武门之变后不久，汉高祖李渊就禅位给了李世民，长孙氏成为皇后，她并没有因地位的提升而骄矜自傲，而是依旧保持着贤良恭俭的美德。对于年老体迈的太上皇李渊，她就像个普通人家的孝顺儿媳，早晚都去请安，并时常提醒太上皇身旁的侍从要细心侍奉，悉心调理他的饮食起居。

面对后宫里的妃嫔，长孙氏比以往历代皇后都要显得宽容和顺，她从不去争什么专宠，反而时常规劝李世民，应该公平地对待每一位妃嫔。由于长孙氏为人宽厚贤淑，又具备出色的协调能力，唐太宗的后宫很少出现争风吃醋的现象，这在历代也是少见的。

长孙皇后的哥哥长孙无忌和唐太宗是布衣之交（成语，指显贵与无官职者的交往），早年跟随唐太宗东征西伐，立下了汗马功劳。李世民即位后，准备将这位大唐的开国功臣封为宰相。长孙皇后一得知，为了避嫌，就劝说唐太宗取消这个决定。

唐太宗觉得堂堂正正地让长孙无忌任宰相，凭的是他的功勋与才干，是唯才是用，根本谈不上任人唯亲。长孙皇后一看很难说服太宗，于是只好去找哥哥，说明原因后，希望哥哥自己辞去这个官职。长孙无忌一听妹妹说得有道理，顾忌到兄妹同在朝廷的关系，会牵扯出家族执政的口舌之嫌，于是表态不愿意做大官。唐太宗一看，勉强不得，只好让他做了一个无关痛痒、不掌政事的散官。

长孙皇后的这些做法和建议，李世民深感钦佩，他不但欣赏皇后的聪明才智，而且见她饱读诗书、以古论今，谈吐中又显露出仁厚的美德，想起来心里就高兴。下朝回到后宫，常忍不住与她谈论一些朝政大事。长孙皇后虽然是一个很有见地的女人，但她从来都比较内敛，不愿以自己特殊的身份干预国家大事，直到唐太宗非要听她的意见时，才慎重地说出自己独到的见解，并建议太宗要始终恪守"居安思危，任贤纳谏"的执政原则。

李世民不仅喜欢皇后的美貌，更喜欢她内在的睿智。他牢记贤妻在耳边叮嘱过的"居安思危"与"任贤纳谏"这两句话。正是这两句话影响和造就了他的一生，后世对李世民最为称道的就是他虚心纳谏的品性。他手下的谏议大夫魏徵就是一个敢于犯颜直谏的大臣。魏徵常指出唐太宗一些不恰当的做法，并力劝他改正。唐太宗对他既佩服又敬畏，常称他是"忠谏大臣"。

曾在一个四月晴和的天气里，春风徐徐，阳光普照。唐太宗兴致勃勃地带了一大群护卫和大臣，背上弓箭，骑着马，准备到郊外的森林里去打猎。刚出宫门，迎面遇上了魏徵，魏徵一看这个架势，就对唐太宗说："陛下可知，现在正值春季，万物复苏，禾苗初露，百鸟兽禽刚从冬眠中苏醒，都在哺育幼崽，天地间呈现出一派生机盎然的景象，此时此刻，恐怕不宜去猎杀呀！陛下要是实在闷得慌，还是回宫和大臣们比试一番射箭吧。"说完，他原地站着没动，直接挡住了唐太宗的去路。

正要出猎的唐太宗一下子被魏徵扫了兴，没好气地对他说："我一个堂堂天子，好不容易遇上个大晴天，出去打打猎消遣消遣，没什么大不了的，就算打些哺育幼崽的禽兽又能怎么样呢？爱卿快快让开吧，朕就要出发了。"

魏徵还偏偏杠上了，直立在路当中愣是没动窝儿，生生挡住一群人的去路，太宗见了怒不可遏，掉转马头气冲冲地返回宫中。左右随从见了直吐舌头，面面相觑，不禁替魏徵捏了一把汗。

唐太宗喘着粗气，一踏进宫，见了长孙皇后也没搭理，边脱外套边怒气冲冲地骂道："总有一天，我非要杀了这个杠老头不可，不知天高地厚的东西，简直目无君王！"

长孙皇后吓了一跳，问明缘由后，立刻走回内室，穿上正式的朝服，然后仪态大方地来到唐太宗面前，下拜说："恭祝陛下！"她这个举动来得突然，唐太宗见了一头雾水，吃惊地问："你这是干什么，为何如此郑重其事？"

长孙皇后一本正经地回答："我深知，只有君王英明，臣子才能正直。如今魏徵敢于犯颜直谏，陛下虽有不悦，但听罢能够立刻回朝，不正说明是位英明的君主吗？为此要恭祝陛下。"

唐太宗听了心里一怔，不禁暗叹：皇后说得有道理呀！于是刚才的满腔怒火，顿时烟消云散了。要不是皇后这番话，没准儿哪一天，再惹怒了太宗，这个杠老头的命可就悬了。由此可见，在忠臣性命攸关的节骨眼上，长孙皇后以她宽宏的气度、过人的机敏，不但给足了皇上面子，还借此鞭策了君主，从而保护了国

隋唐故事

家的一代忠臣。

公元634年，长孙皇后随唐太宗去九成宫，回来的路上天气乍冷，受了风寒，结果引发了旧疾，病情日渐严重。太子承乾心系母亲的安危，一再请求大赦囚徒为母后祈福，满朝文武大臣感念皇后的盛德，都随声附和，就连一向坚持原则的魏徵也没吭声，可见长孙皇后的仁德早已深深植入人们的心中。不过让大家没想到的是，皇后自己却坚决反对，对众人说："生死有命，并不是个人的力量可以改变的，既是囚徒，必是根据法律量刑定罪，而赦免与否是国家大事，怎么能因为我的生死而失了国家的法律呢？"一番话说得掷地有声、深明大义，众人听了都感动得落下泪来。

长孙皇后的病拖了近两年时间，于公元636年病逝，临终时还嘱咐唐太宗："陛下一定要保重，我不能再陪你了。往后仍要居安思危，任贤纳谏。别忘了善待贤臣。为了朝政清廉，不要让我的亲戚做高官；另外，我死后不要厚葬，一切从简。"在一旁的众人听了都忍不住暗暗流泪。再看长孙皇后，已经安详地闭上了双眼。唐太宗悲痛万分，忍不住抽泣地说："皇后离我而去，从此再也听不到她的规劝了，失去如此贤德的爱妻，怎能不让人痛心呢？"

第十五章 玄奘取经

古典名著《西游记》的故事，在我国早已脍炙人口、家喻户晓。小说讲述了唐僧和他的徒弟们到西天取经的神话故事，他们历经九九八十一难，险象环生，逐一打败了取经路上遇到的无数妖魔鬼怪，终于到达西天佛祖那里，取回真经。书中的孙悟空、猪八戒、沙和尚这三个徒弟，以及各路神仙妖怪，都是作者吴承恩虚构出来的，只有唐僧，在我国唐朝历史上确有其人，他就是我国古代著名的佛学大师——玄奘（zàng）法师。

玄奘生于公元600年，原名叫陈祎（huī），洛州缑氏（今河南省偃师市缑氏镇）人。他自幼聪明好学，尤其对风靡一时的佛学，更是情有独钟。他十一岁时就能诵读佛经，十三岁时正式在洛阳出家做和尚。这以后，他在全国各地遍访名僧，拜师学习，刻苦研读佛学。到十八岁时，玄奘在佛教界已经小有名气了。因为他通读了印度佛学中的经藏、律藏和论藏，所以人们尊称他为"三藏法师"。

玄奘发现当时的佛教经典残缺不全，一些翻译过来的佛经里面有不少错误，在教义上也有些分歧，因此他决心到佛教发源地——天竺国（印度）去取经，学习佛法。那时唐朝刚刚建立，边境局势很不稳定，为此朝廷严禁出国西行。玄奘就开始刻苦学习天竺和周边各国的语言和文字，等待着出行的机会。

公元627年，北方发生灾荒，朝廷终于松了口，允许百姓有自行谋生的机会，玄奘趁机踏上了西去的征途。在经过凉州（今甘肃省武威市）时，守卫边境的都督李大亮不让他往西行进，玄奘只好暂且停留。后来乘卫兵防范疏松，趁机溜出了凉州城。一路向西来到了玉门关，他担心走大路容易被发现，只好乘着夜色从葫芦河上游偷渡过去。刚过了玉门关，就被那里的守兵发现了，于是那边追，这边跑，还差点儿被乱箭射死。但这些经历都没能吓倒玄奘，反而使他西行取经的决心更强烈了。

跑出了乱箭横飞的玉门关，玄奘来到了敦煌，从这里开始，他进入了一望无际的大沙漠。面对茫茫的沙丘，不见飞禽走兽，不见树木草丛，只偶见几只灰褐色的大蜥蜴，鬼魅般地在沙地里窜来窜去，令人毛骨悚然。玄奘不敢耽搁，继续大踏步地往前赶路，没走多久，却见脚边钻出几只半透明的蝎子来，翘起带钩的尾巴，在向他示威。玄奘知道此类物种有剧毒，心想重任在身，可千万不能被它们咬上，于是绕开它们再继续西行。

就这样，玄奘与一匹老马为伴，在沙漠中艰难跋涉，一路上充满了意想不到的困难。有一次，他渴得不行，正要拿起水袋喝水，不料手一滑，打翻了水袋，水全洒在沙土上了。一旦没有水，在沙漠里是很难活下去的，但玄奘还是咬紧牙关继续前行，只要在途中见到几簇稀疏的草植，他就拔下来咀嚼草根，吸取那一点点水分，来维持自己和马匹衰弱的生命。如此这般艰难，硬是撑着走了四个昼夜，直到第五天，才见到远处一片青翠的草地和水池，玄奘眼睛一亮，喜出望外地赶了过去，生命从此又有了希望。

此后，玄奘向西继续跋涉了两天，当走出大沙漠时，人已经瘦了一大圈。他接着途经伊吾，来到了高昌。高昌国王麴文泰是个佛教徒，听说玄奘是东土大唐来的高僧，就恳请玄奘留在高昌国讲经，玄奘重任在身，一再谢绝，国王仍不放过，执意挽留。玄奘索性三天滴水不进，闭门静坐。国王见他西行意志如此坚定，不禁被深深感动，转而热情地帮助玄奘准备行装，又派了一些人马沿途护送玄奘过境。临行前，玄奘向国王双手合十，深深鞠躬，表示了一番谢意，告辞后继续西行。

玄奘身边有了这些护送的人马，西行取经的信心更足了。他们越过了一道道雪山冰河，经历了狂风席卷的暴风雪，又躲过了从天而降的隆隆雪崩，到达了碎叶（古城名，今吉尔吉斯斯坦北部托克马克附近）。迎接玄奘的是已向大唐称臣的西突厥可汗，他得知大唐高僧等路过这里，马上热情地予以款待。从那以后，玄奘带领人马一路行进顺利，不几天，就穿过了西域各国，进入了天竺。

公元631年，玄奘一行人终于到达了佛国圣地天竺，玄奘怀着崇敬的心情，进入那兰陀寺学习。在那里，他修心养性，苦学五年，攻读了多部佛教经典。这以后，他又用了七年时间，到天竺各地巡回游学，先后向十多位当地的佛学大师求教学问。当重新回到那兰陀寺后，他不断总结所学到的佛学理论，就在该寺开讲佛经，以此弘扬佛法。

玄奘法师在天竺期间，曾经用梵文撰写了《会宗论》三千颂。当时在印度佛教界有一个争论不休的问题，即佛教中性、相两宗的纷争，玄奘法师以他的睿智，把二者的区别与联系融会贯通，进行了精辟的阐述，并著于《会宗论》中，从而丰富了书中的佛学内容，使其成为一部较有价值的佛学著作。此举得到那兰陀寺主持戒贤法师等人的高度赞扬。

在玄奘讲述佛经的影响下，佛教大乘和中观两大流派长期以来的隔阂渐渐消除了。从此，他在天竺佛教界声名鹊起，许多国王和佛教徒都恳切希望他能永久留在天竺，别再回大唐了。甚至有一个国王向他许诺，如果玄奘法师能够留下来，就给他造一百所寺院。玄奘对他们的盛情，都一一表示了感谢。他的内心深处，仍然牵挂着远方的祖国。他十多年在天竺学习、游历和讲经，不但在佛学上取得了巨大成果，而且促进了东西方的文化交流。公元643年，他带着六百五十多部佛教经典启程，再一次踏上了遥远的征途，于公元645年回到了长安。

玄奘百折不挠的取经精神，让唐太宗大为感动，并亲自在

隋唐故事

八九

洛阳行宫外隆重地迎接了玄奘。太宗十分赞赏玄奘所取得的成就，并劝他还俗做官，玄奘婉言谢绝了。随后，他住进长安弘福寺，在唐太宗的支持下，开始征召各地的高僧、学者，组成了一支规模宏大的书写队伍，他们各司其职，对玄奘每日专心致志翻译出来的佛经进行抄写校对，编订成册，以备刊印。因玄奘具备较高的文化素养，又精通梵文，在他的译著里，不但文字忠于原著，而且文辞隽永流畅。十九年来，共译经文七十五部，一千三百三十五卷。在这以后，玄奘还和他的弟子一起编写了一部《大唐西域记》，这部书又称《西域记》，是由玄奘口述后编纂成的地理史籍，成书于唐贞观二十年（公元646年）。

《大唐西域记》记载的是玄奘从长安西行，途经西域的所见所闻，其中包括了一百三十多个国家和城邦。书中对西域各国的宗教信仰、生活方式进行了详尽的记载，描绘了多彩绚丽的建筑风格、美妙动听的音乐、婀娜多姿的舞蹈，以及婚丧嫁娶、沐浴养生等各具特色的人文风情。从不同视角、不同层面反映了西域各民族的异国风情和文化生活。

另外，《大唐西域记》是研究印度、尼泊尔、巴基斯坦、孟加拉国、斯里兰卡等地古代历史地理的重要文献，为各国学者所重视，具有重要的学术价值，被世界学者们公认为一部不朽的名著。

公元664年，玄奘大师在玉华寺圆寂（即死去），他对佛学的贡献以及不畏艰险、百折不挠、追求佛法真谛的精神，一直为后人所称颂。

第十六章 文成公主

唐太宗时期的吐蕃（bō），就是中国古代藏族政权名。当时的吐蕃赞普（吐蕃王的称号）名叫松赞干布。公元629年，松赞干布刚满十三岁，已经会骑马射箭，练就了一身武艺。他喜欢驰骋在茫茫草原上放声高歌，平日还喜爱写诗，他的诗歌充满了对藏族同胞、对江山如画的青藏高原的一脉深情。

不久，吐蕃的贵族们举兵叛乱，并很快占领了一些城市。偏偏祸不单行，西部的羊同部落也乘势入侵，向吐蕃进兵发难。战乱中，松赞干布的父亲不幸被奸人下药毒死，松赞干布顾不上伤心落泪，面对内忧外患、紧迫危难的局势，他沉着冷静地反复分析形势，经过一番运筹帷幄，采取了依靠新兴势力的策略，不断征集人马，终于组成了一支上万人的队伍。

经过三年征战，松赞干布兼并了周边的小国，逐一平定了内部贵族的叛乱，统一了吐蕃各个部落，稳住了大局。松赞干布成为吐蕃的国王后，建立了统一的吐蕃王朝。年轻的国王虽然称霸于万里关山之外的世界屋脊，坐享首都逻些城（今西藏自治区拉萨市）王室里一切丰厚的物质生活，但他并不满足，反而对遥远的东方大唐王朝感到非常好奇，尤其对大唐的治国理政、丰厚的传统文化十分憧憬。为了能够与唐朝建立友好关系，学习唐朝的执政理念和多姿多彩的文化，他派出使者，经过长途跋涉，来到了长安。

唐太宗热情地接待了远道而来的使者。他对吐蕃平定当地骚乱的业绩早有耳闻，为了使吐蕃有效地牵制与它毗邻的吐谷浑汗国，就与松赞干布建立了友好邦交，并派遣使者前往吐蕃进行了回访。

公元638年，松赞干布又派使者到长安向唐朝求亲，希望大唐的公主做他的妻子，唐太宗心想，他们毕竟是中国西部边陲的少数民族，双方建交后一直在践行友好往来，互不侵犯、达到边疆安定就行了。如今上赶着要与大唐公主攀亲，太宗越想越不是滋味儿，结果一直就没答应人家。

吐蕃使者碰了个钉子，只好闷闷不乐地无功而返。一路上心里头直打小鼓，担心松赞干布会不会训斥他办事不力。揣摩了好几天，终于有了主意。当见到松赞干布时，他把事先背得滚瓜烂熟的一番话脱口而出："启禀大王，大唐皇帝很好客，当臣说明来意后，已经快要答应将公主下嫁给咱们了，但这时偏偏吐谷浑王亲自来求亲，还凑到唐皇跟前小声嘀咕了几句什么，结果大唐皇帝又改口要把大王这件婚事放一放，没等臣追问原因，就匆匆把臣给打发走了。我想这恐怕是吐谷浑王在里面捣的鬼，也许说了咱们不少坏话。"

松赞干布一听，顿时火冒三丈："吐谷浑骚扰我国边境不说，如今还敢斗胆搅和我的婚事，这小子一定是活腻烦了！马上给我调集人马，出兵吐谷浑。"话音刚落，使者咕咚咽了口唾沫，虽然庆幸自己没事了，但一听立刻要开战，不禁冒出一身冷汗。

松赞干布出动大军开始进攻，一想起被吐谷浑抢妻的事儿，浑身被怒火烧得连连抽起了响鞭。吐谷浑面对来势汹汹的大军，哪里是吐蕃的对手？一来毫无准备，二来不知道为什么挨打。稀里糊涂地一交锋，就被打得一败涂地。松赞干布轻松地打完这一仗，连战场都懒得收拾，继续率领二十多万大军屯兵松州城外，打算在迎娶公主后乘胜打进松州。该城是四川历史上有名的边陲重镇，被称作"川西门户"，自古为用兵之地。

松赞干布打赢了这一仗，自豪地感到他的大军所向披靡，一下子腰杆硬了不少，于是派人威胁唐朝说："如果不把公主嫁给我，我就带兵打到长安。"

唐太宗一听，鼻子都气歪了，忍不住嚷嚷了起来："竟敢如此放肆！我大唐国力鼎盛，兵强马壮！如今居然胆敢前来动武耍浑，一再妄想强娶公主！哼！真是老虎不发威，还当朕是病猫呢！"

话音刚落，就派大将侯君集带兵反击吐蕃。

于是，松州城下展开了一番激战，吐蕃军队面对军威赫赫、讲究布阵的大唐帝国王牌军，尽管三番五次发动进攻，使出了浑身解数，谁知就像以卵击石，落得个大败的结局。松赞干布只好认输，命军队放下武器，心悦诚服地俯首称臣。

而唐太宗的本意，是打算和吐蕃和平相处，先给他们点颜色看看，等对方服软也就作罢了，于是同意与吐蕃讲和。没想到松赞干布拱手相拜，又一次提出要迎娶大唐公主。唐太宗心想，这国王还真是个死心眼子儿，怎么三番五次地要迎娶大唐公主？经过一番慎重考虑，为了与吐蕃交往能够长治久安，最终同意了松赞干布的求婚。

松赞干布终于如愿以偿，那个高兴劲儿就别提了，马上派遣他最信任的大相（相当于宰相）禄东赞送上黄金五千两、珠宝数百件到长安求婚。文成公主原本是皇帝亲戚的一个女儿，早已被太宗封为公主。她自幼饱读诗书，通情达理，人又聪慧美丽，具有东方女子矜持典雅的性格特点。她对遥远的吐蕃并不了解，心中有些忐忑不安，只听说那片土地上充满了神奇的色彩，不禁也感到一阵新奇。为了国家的长治久安，为了大唐的百年基业，她欣然答应去吐蕃和亲。

唐太宗为文成公主准备了很多嫁妆，还包括诗文、经史、农事、医药、天文、历法等书籍。此外，配备了不少谷物、蔬菜、果木种子以及各种精美的手工艺品。同行的还有各种技术工匠和一支宫廷乐队。经过两个多月的准备，在礼部尚书、江夏郡王李道宗

隋唐故事

的率领下，文成公主和随行的人们前往吐蕃和亲。

经过一个多月风雪交加的艰苦跋涉，终于迎来了春暖花开的季节，他们到了黄河的发源地河源，这里水草茂盛，牛羊成群，送亲队伍就在这里停下来稍作休整。

这时，松赞干布亲自率领的迎亲人马也赶到了河源，他拜见了大唐使臣李道宗，并对大唐皇帝表示衷心感谢。当这位驰骋高原的吐蕃王见到文成公主时，不禁为雍容高雅、神态端庄的大唐公主而倾倒；文成公主抬眼一看，松赞干布原来长得如此高大健壮，眉宇间透着一股英气，显得十分威武，悬着的心终于放了下来，庆幸自己嫁给了一位英武的国王。

松赞干布迎着文成公主来到了逻些城，受到了吐蕃人民的热烈欢迎，他们身穿节日的盛装，争先恐后地来朝见文成公主。松赞干布以往都住在帐篷里，为了和公主成亲，他就在逻些城外专门建造了一座宏伟的王宫，这就是享誉中外、以雄伟壮丽著称的布达拉宫。伴随着乐队高亢欢庆的乐曲，盛大的婚礼就在新建的布达拉宫举行。

婚后，在文成公主和松赞干布一起生活的日子里，妻子不断将唐朝的农业播种技术传授给当地人，教他们灌溉施肥。冬去春来，高山下的平原逐渐现出了绿油油的农田。由于种植蔬菜和粮食，改善了他们以往只以青稞和肉类为主的饮食生活。

松赞干布为了尽快发展生产，就向大唐皇帝请求，将养蚕、酿酒、造纸等工匠派到吐蕃来，并希望将生产知识传授给吐蕃人民。太宗得知后，认为这是件好事，就派出了各行各业的专业人士前往,给予了各方面的支持。文成公主和她的侍女们,热心地协助吐蕃的妇女改进纺织和染色技术,提高图案设计水平,使吐蕃自产的氆氇(藏族手工生产的一种羊毛制品,也叫作藏毛呢;氆氇 pǔ lǔ),成为远近闻名、极受欢迎的纺织品。

这对恩爱夫妻朝夕相处,由于文成公主信奉佛教,耳濡目染之下,松赞干布也随妻子信奉了佛教。在他俩的主持下,修建了大昭寺、小昭寺。此后,佛教在西藏地区慢慢流传开来。

文成公主在吐蕃生活了四十年,她为汉藏两族人民的友好往来和经济文化的发展,做出了杰出的贡献。至今,在西藏的布达拉宫和大昭寺,还供奉着松赞干布和文成公主的塑像。

第十七章 一代药王

孙思邈生于公元581年，京兆华原（今陕西省铜川市耀州区）人，唐朝著名的医学家。孙思邈从小爱读书，天资聪颖，七岁的时候，就已经认识了上千个汉字，为了加深记忆，他还时常背诵学习过的文章。

孙思邈小时候体弱多病，为了求医治病，喝了不少汤药，父母几乎把家产都花光了。十八岁那年，他立志学医，为了将来能够医治好成百上千个病人，孙思邈认真研究古代的医书，由表及里，探究各种疾病的征兆，潜心琢磨用药的方法和时效。

到了二十岁，他已能够侃侃而谈老子、庄子的学说，研究道家典籍，并开始坐诊为乡邻治病。

据《旧唐书》记载，西魏大臣独孤信对孙思邈十分赏识，称他为"圣童"。

北周静帝时，杨坚执掌朝政，召孙思邈任国子博士，孙思邈从未想过当官，对仕途功名毫无兴趣，认为官场上太过险恶，不能随自己的心意做事，于是婉言谢绝，一心致力医学。

隋开皇元年（公元581年），杨坚当了皇帝。孙思邈担心皇上一旦想起他来，再召他入宫就不好推辞了，于是迁到了陕西太白山（秦岭山脉的主峰）中隐居。在那里安顿下来后，他才感到气定神闲，继续着对医学的探究。他既下功夫钻研医学著作，又亲自上山采集草药，对比各种花草的药性，埋头对药物学进行研究。

他研读的古代医书有《黄帝内经》《伤寒杂病论》《神农本草经》等，同时广泛收集民间流传的药方。他通过不断地为人治病，积累了许多宝贵的临床经验。他从理论学习到实践应用，再从丰富的实践中提炼出新的医药研究成果，来丰富自己的医学理论知识。他以毕生的精力，完成了医学著作《千金要方》和《千金翼方》的写作。

孙思邈对针灸术也颇有研究，以针灸术作为药物的辅助疗法。孙思邈积极主张对疾病实行综合治疗，他认为"良医之道，必先诊脉处方，次即针灸，内外相扶，病必当愈"。

唐贞观年间，长孙皇后怀孕已过了十个月却不能分娩，连日来卧床不起，虽经不少太医诊治，却一直不见疗效。大臣徐茂功立即将孙思邈推荐给太宗。唐太宗马上派遣使臣马不停蹄，日夜兼程，将孙思邈接进了皇宫。

已经七十多岁的孙思邈来到皇宫，唐太宗见他步履矫健，容光焕发，体态灵活，简直就像个少年！不禁十分感叹地说："得道之人真是让人们尊敬呀！像羡门、广成子这样的神仙人物，在世间也是有的，百闻不如一见，实在是难得啊！"

没多大工夫，孙思邈就诊断出长孙皇后的病症，他吩咐采女（古时宫廷中的一种女官）将皇后左手扶近竹帘，然后取出银针，看准穴位猛扎一针，皇后疼得不禁浑身一抖。不一会儿，只听得婴儿呱呱啼哭的声音。唐太宗喜出望外，打算留孙思邈在朝廷执掌太医院，但孙思邈不愿在朝为官，立志游走四方，为广大民众除病解痛。他向太宗表述了自己的志愿，谢绝了太宗赐给的官位。太宗不好再强求，便御赐"冲天冠"一顶、"赭黄袍"一件、金牌一面、良马一匹、黄金千两、绸缎百尺，并大摆宴席，一来欢送孙思邈，二来庆贺皇后病愈生下皇子。孙思邈庆幸仍能回到民间，随后谢绝了太宗赐给的黄金和绸缎。

唐太宗见孙思邈胸襟开阔、一身清骨，不禁十分敬佩。不久，太宗亲临华原县太白山去拜访孙思邈，并赐颂词一首。现在的药王山（在陕西省铜川市）南庵内，还存留着当年唐太宗的登山御道、"拜真台""唐太宗赐真人颂"古碑等。

公元659年，孙思邈又被唐高宗接到帝都，拜谏议大夫，这次他虽被挽留在长安，但仍不愿为官。他几次三番被推举，碍于情面就推荐了自己的徒弟刘神威，并称赞徒弟年轻有为，已经学有所成。高宗听了大喜，立即安排刘神威进了太医院。

孙思邈从少年立志到成年，一直以一颗悬壶济世的悲悯之心，用自己高超的医术为天下百姓解除病痛。凡是穷人来看病，他一律不收诊金，还送药给他们。对一些行动不便的老人，他就像对待亲人一样，亲自熬药给他们喝。对三更半夜敲门求治的人，他从来都不拒绝，不是当场诊疗就是赶去病人家救治。

有一次，孙思邈救了一个孕妇，让她的孩子顺利出生。老婆婆激动得当场要跪下来拜谢，被孙思邈一把扶了起来，安慰她说："老婆婆放心吧，母子平安。"

孙思邈通过多年来的实践，对行医的诊病方法做了精辟的总结："胆欲大而心欲小，智欲圆而行欲方。""胆大"，即要胸有成竹，具备武将一般的自信和气魄；"心小"，是指要有种如履薄冰、在峭壁上攀岩时的小心谨慎；"智圆"，是指遇事应圆融灵活，不可拘泥，要有争取主动的能力；"行方"是指舍去贪图名利的欲望，心中自有坦荡天地。这就是孙思邈对于行医的要求。他本人正是以德养性、以德养身的践行者，成为历代医家和百姓尊崇敬仰的伟大人物。

孙思邈始终本着高尚的医德，并以此谆谆告诫学医的弟子们，治病救人必须集中精神，不能敷衍从事，对病人要有爱心和同情心，不论贵贱、贫富、长幼、美丑、亲疏，都应一视同仁，把他们看作自己的亲人。

孙思邈一旦得知别人有医药良方，就不远千里前去求教，虚心地问询和采集民间药方。公元652年，他把搜集的药方子汇集起来，编成了一部医书，叫《千金要方》。孙思邈认为"千金"的意思是指生命的价值贵于千金，并且这部书里记载的每个方子，

故事里的中国历史

一〇二

都是非常宝贵的，因此用《千金要方》作为书名。

七十多岁的孙思邈，早已有了"药王"的美誉，成就斐然。当他到了一百岁高龄时，又把后三十年所积累的方子编成另一部书，起名《千金翼方》。"翼"就是辅助的意思，用这部书来补充前一部书缺失的地方。

《千金要方》在食疗、养生方面做出了巨大贡献。神医能够活过百岁高龄，是他自身总结的医学理论与多年行医实践相结合的成功范例。孙思邈的辉煌成就，令他生前就受到了隋、唐两代人的崇敬，他也多次谢绝了皇室安排的官位。人称"药王""药圣"的孙思邈，在日本也同样享有盛誉，尤其是日本名医丹波康赖和小岛尚质等人对他十分崇拜。

在《千金要方》和《千金翼方》这两部书中，一共记载了七千五百多种药方，不仅数量多，而且治疗效果显著。为了纪念这位著名的医学家，人们尊称他为"药王"，并把他经常采药的山叫作"药王山"，后人还在山上建了药王庙，以此来纪念这位伟大的神医。

第十八章 扼杀千金

唐太宗的黄金时代持续了二十年后,一个年轻美丽的女子出现在唐王朝的宫廷里。这个女人就是武则天,她是中国历史上唯一的女皇帝,千百年来,成为历史上的一个传奇。

武则天的父亲叫武士彟(yuē),字信,并州文水(今山西省文水县)人,唐朝开国功臣。隋朝年间,武士彟经商致富,当唐高祖李渊还在太原留守的时候,他资助唐国公在晋阳起兵反隋,被授予大将军府铠曹参军,后来跟随李世民的军队平定了长安。

唐太宗登基后,武士彟被派往利州担任都督。武则天是武士彟的二女儿,长得天庭饱满,俏丽有神。她性格刚直,从小不爱红妆爱读书。在她十二岁那年，父亲撒手人寰，同父异母的两个哥哥，对她们母女百般欺凌。武则天在这样的环境中受尽屈辱和压迫，逐渐萌生强烈的反抗意识和出人头地的愿望，并对身边弱肉强食的社会现状有了深刻的认识。

十四岁那年，武则天长得凤眼柳眉、粉面红颜，正值楚楚动人、含苞欲放的花季年华，宫里传来一道圣旨，召她入宫。她的母亲杨氏听了非常担忧，她深知后宫里充满了争斗和危机，如果女儿入了宫，恐怕连皇上的面都见不着，势必耽误大好年华。一想到此，杨氏的眼泪就止不住，可女儿倒是满心欢喜，安慰母亲说："母亲不必难过，您怎知女儿不能见到天子呢？没准儿将来还是您的福分呢。"

武则天面对这一人生的巨大机遇，心中充满了对未来的美好期盼，大胆地迈进了皇宫。当时，唐王朝规定姬妾分为十九级，武则天入宫之后，被封为第十六级的才人，是同级九人中的一人。这个级别在宫里算是小人物，要想有朝一日凑到皇上跟前露个脸，基本上没戏。

谁知"山重水复疑无路，柳暗花明又一村"。别看她小小年纪，谁也比不上这个小娘子婉变多姿的活泛劲儿，还有那善解人意、快人快语、行事干练的作风，在姬妾成群的皇宫里，她越来越受人瞩目。一次，唐太宗偶然见了这个俏丽娇媚的才人一面，不觉心生好感，就给她赐名为武媚娘。时间一久，唐太宗发现她不但貌美灵巧，还懂些诗书礼仪，于是就把她调入御书房侍候文墨。在御书房，武则天不仅能读到许多藏书典籍，还能时常接触皇家公文，了解宫廷里发生的各种事情，着实让她开了不少眼界。

有一天，从西域来的使节向唐太宗献上一匹宝马，名叫狮子骢（狮子指的是马的鬃毛卷曲；骢，青白杂毛的马；骢cōng），太宗一高兴，让文武大臣一起陪同观赏。狮子骢被驯马官牵到场地后，只见它个头儿高大，踏地有声，肌肉矫健，毛色油亮。太宗见了非常满意，立即命驯马官骑上去跑几圈看看。哪知驯马官刚跨上去，那狮子骢就往后一仰，前腿腾空，一声嘶鸣，把驯马官啪的一声重重地摔在地上。众朝臣见了一愣，面对这匹桀骜不驯的洋马，除了张嘴吐舌，谁都没什么招儿。

太宗皱起眉头，为此十分扫兴，忽然他身后走出了身材娇小的武媚娘，向前施礼道："陛下，可否让臣妾一试？"太宗低头一看，大吃一惊："你小小年纪，开什么玩笑？一个柔弱女子，怎能降伏烈马？"众大臣也都呵呵地笑了起来。

武则天镇定自若、不慌不忙地说："陛下大可放心，只要我手里有三件东西，就不怕狮子骢不听话。""哪三件东西？"太宗有点儿诧异。"钢鞭、铁锤和匕首。"武则天振振有词。太宗不解地问："难道手握钢鞭还不够吗？"

武则天说："不管是什么马，都是给人骑的。若不听话，我先用钢鞭抽它；它再不服，我就用铁锤敲它的头；它如果再犟，我就干脆用匕首宰了它。这种桀骛不驯的马，留着它有什么用呢？"

太宗听了一惊，心里很不是滋味，一个小女子居然能说出这番狠辣的话来，实在是不可思议。不但没有答应她的要求，反而从这以后，有意疏远了她。

唐太宗病重的时候，不少嫔妃在旁边侍候。当时的太子李治就爱上了也在太宗身边服侍的武则天。在孤寂的宫廷生活中，武则天逐渐与太子李治情趣相投，一来二去，李治就悄悄将玉坠送给她作为定情物。

太宗驾崩后，按照惯例，凡没有生育过的嫔妃们都要出家做尼姑，生育过的一律打入冷宫，为死去的皇帝守寡。武则天也不例外，默默地跟着一群哭哭啼啼的妃子迁到了感业寺，从此出家为尼。虽然身在寺庙但风华正茂、年纪轻轻的武则天，是绝不会心甘情愿地伴随着青灯古佛，默默了此一生的。

第二年，到了唐太宗的忌日时，高宗李治来感业寺上香。武则天抓住这个机会，对他暗送秋波，这使高宗欣然回忆起他们的恋情，可唐高宗只是默默地惦记着心上人，绝对不敢公开把她接回后宫。

过了没多久，连武则天自己也没想到，她离开寺庙的机会终于来了。当时王皇后正跟萧淑妃争风吃醋，闹得不可开交。王皇后便干脆自己出面，大大方方地把武则天接进宫里，目的是要和媚娘一同来对付萧淑妃。

武则天重新进入皇宫后，对王皇后言听计从，不敢有一点儿怠慢。王皇后见她百依百顺，实在太喜欢了，经常在高宗面前称赞她，高宗本来见了媚娘就两眼发直，一听王皇后夸她，心里就更加高兴，睁眼闭眼都是媚娘。于是，那一头可就冷落了萧淑妃。

就这么着，略施粉黛的武媚娘，仅在李治身旁悄声细语了那么几回，就使那个曾经靓丽的萧淑妃再也没能火起来。此时，已被宠为昭仪（嫔妃第五级）的武则天并不甘心久居王皇后之下，开始琢磨着怎么把这个皇后也赶下台，自己来当皇后。

没多久，武则天生了一个女儿，高宗乐得合不拢嘴，非常喜爱这个小公主。有一天下午，王皇后出于礼节来看小公主，武则天借机躲了出去，只留下王皇后一人和小公主在一起，等小公主一睡着，王皇后就离开了。武则天进来后，趁着屋里没人，居然残忍地掐死了自己的亲生女儿，然后若无其事地又盖好了被子。

当天傍晚，高宗一下朝，就兴冲冲地来看女儿，武则天跟着高宗来到女儿床前，掀开被子一看，发现公主早已没了气息。高宗大为震惊，当得知下午只有王皇后来过时，勃然大怒："是皇后杀了我的公主！我岂能饶过她！"武则天在一旁不断以绢巾擦泪，哀哀戚戚不停地哭泣着。

悲愤之中的高宗决定废掉王皇后，立武则天为皇后，却遭到太尉长孙无忌和谏议大夫褚遂良等大臣的坚决反对。武则天一看，只能变着花样抖机灵，充分施展自己的宫斗手段，设法分化大臣之间的关系，以此瓦解对立面。朝臣们深知武昭仪是高宗的宠妃，拍着点儿总比对着干强。在武昭仪的笼络下，历来会看风使舵的李义府、许敬宗等大臣，马上站到了她这一边。武则天逐渐形成了自己的势力，准备与长孙无忌等人一决高下。

武则天手下的这拨人认定了武昭仪这个靠山，为了帮她夺取皇后的位置，各自开始行动起来，许敬宗率先在朝廷大造舆论，说："君臣不必心存顾忌，我大唐天下的黎民百姓，有的不过是多收了几百石麦子，就会常见他们添娶一房媳妇，或者换个中意的老婆，这对庶民来说都是很平常的事情，何况是当朝天子呢！"

在这种舆论下，高宗已顾不得一些大臣的反对，于公元655年，下诏废掉了王皇后，并把王皇后与萧淑妃打入冷宫。她们二人各有各的冤情，偶尔见到皇上就拼命地哭诉。风声传到武则天那里，她心想连亲生女儿都舍出去了，再杀两个怨妇又算什么呢？

高宗尽管于心不忍，但哪里挡得住媚娘借着丧女的悲痛，一再哭哭啼啼的劲头啊。没多久，王皇后与萧淑妃分别被扣上蓄意谋害公主、试图叛逆谋反的罪名，双双被处死了。以此警告世人，无论是谁，凡杀人夺命、欺君谋反者，必严惩不贷。

除掉了王皇后和萧淑妃，武则天就再也没有什么后顾之忧了。在许敬宗等人的撮合下，高宗举行了隆重的大典，立武则天为皇后。自离开感业寺，武则天仅仅用了一年零七个月，从与王皇后合谋剔除萧淑妃开始，一路狂飙到不惜扼杀自己襁褓中的千金，以此骇人的苦肉计来诬陷王皇后，最终登上了皇后的宝座。

令后人唏嘘不已的是，武则天将形同虚设的高宗皇帝玩于股掌之中，始终是那样地得心应手；同时又能轻而易举地利用皇后与淑妃争宠的矛盾，进行分化瓦解，逐一剥离。其间无须吵吵嚷嚷，更不必剑拔弩张，而是步履轻盈，宛如行云流水一般，就达到了兵不血刃的目的。

第十九章 请君入瓮

一个小女子当上了一代皇后，在世人眼中成了一件了不得的事情。被召进宫的武则天，以她聪颖伶俐的天资，几年来，面对形形色色的宫斗权术，非但自身没有被剿杀，反而神奇般地做到了学以致用、游刃有余。可见她的这个能力已经远远超越了其他嫔妃，达到了炉火纯青的地步。既然在斗争中完胜，总可以高枕无忧了，可她仍然不满足，她的终极目标是要权倾朝野，当上主宰国家、万民之上的皇帝。

武则天利用自己已有的优势，每每参与朝政议事，都想方设法除掉自己的政敌。她恨死了那些不待见她的老臣，于是罗列出各种罪名，把他们逐一降职、流放，就连国舅长孙无忌，也因当初反对李治立她为皇后，被她的爪牙许敬宗诬陷，削爵流放到黔州（今重庆市彭水县），最终自缢而死。与此同时，中书令许敬宗、李义府等人，由于早已选边站队，积极投靠皇后，先后被提拔为宰相，掌握了朝廷大权。

随着武则天的势力一天天增大，曾经和高宗的那一段如同旭日东升般的恋情，在她心里早已日落西山了。高宗无奈地感到，昔日的恋人早就不把他放在心上了，为此常常生闷气。待到他实在憋不住了，就把宰相上官仪找来商议对策，上官仪说："皇后专权，滥杀无辜，已遭天下人反对，应该尽快把她废掉。"高宗听了连连点头，就让他起草诏书。

谁知武皇后的眼线马上把消息飞报了过去，武则天一听立刻赶了来，见了李治就大吵大闹。高宗哪里是皇后的对手，搪塞了一阵见皇后还是不依不饶，心里害怕得要死，可又喜欢得要命，如同被下了妖蛊，尽管被斥责得颜面扫地，心里还是高兴的。末了，实在躲不过去，就讨好地说："我哪里舍得废掉你啊？这全是上官仪的意思。"

上官仪算是倒了大霉，刚被皇上使唤完，扭脸就被出卖了，自己却毫不知情。武则天处理这等事情驾轻就熟，随便找了个借口，诬陷上官仪阴谋逆反，立即派杀手将他和他的儿子都处死了。这一招杀鸡吓猴的手段还挺管用，朝廷上下再也没有反对武则天的声音了。从此以后，高宗上朝处理政务，武则天就在一旁垂帘听政，凡大小政事，都由武则天说了算。当时高宗称天皇，武则天称天后，朝廷内外都敬畏地尊称他们为"二圣"。

公元 683 年，高宗驾崩，武则天先后废掉了两个儿子中宗李显和睿宗李旦，随后以皇太后的身份临朝听政。

就在武则天一步步接近皇位的时候，有个被她降职的官员叫徐敬业，在扬州起兵造反，要替天行道，讨伐武则天。武则天首先除掉了徐敬业的同党、宰相裴炎等人，接着派出三十万大军去扬州镇压，徐敬业兵少将寡，仅仅抵抗了四十多天就失败了。

那时寺庙里有个和尚，早就看出武则天有大野心，从此再也无心念经。为了出人头地，他就编造了一小本佛经前来讨好武则天。这本假经书里说：武则天是佛祖派来的弥勒佛转世下凡，为了替代唐朝皇帝，一统天下。武则天听了不禁凤眼圆睁，喜上眉梢，马上重赏了那个和尚。回到宫里，心里霎时美滋滋的，走起路来忽然觉得脚底生风，浑身飘飘然，禁不住一阵激动。

有这个和尚带头，很快又冒出个很识时务的官员叫傅游艺，他不甘落后，着手联络了关中地区九百多人联名上书，请求太后即位称帝。武则天马上对这个官员加官晋爵。众臣一看，唯恐落后，赶紧上书劝进，于是劝她做皇帝的人越来越多。据说当时文武官员、王公贵族、各部首领、和尚道士，上劝进表的足有六万多人。

公元 690 年九月，六十七岁的武则天觉得时机成熟，就欣然接受了上万民众的请求，自称"圣神皇帝"，改国号为"周"，史称"武周"。

武则天平定了徐敬业的叛乱后，为了防止李氏皇族和元老旧臣的反抗，就下了一道命令，发动全国子民告密。不论什么人，只要发现有人谋反，都可以越级直接向她告密，地方官吏不得阻拦。

并强调如果告密属实，告密人就可以做官；查无实据的话，也不追究诬告的行为。同时任用了索元礼、来俊臣、周兴等酷吏实行抓捕和刑讯。这一来，举国上下告密的人层出不穷。

周兴和来俊臣两个酷吏，为了讨好武则天，他们一抓到被举报的人，比先前的行刑官索元礼用的手段还要狠，不是屈打成招就是往死里整，前前后后被他们迫害致死的高达数千人。人们一提到这两个行刑官，禁不住谈虎色变，后脊发凉。

在人人自危，充满了腥风血雨的日子里，这些杀人如麻的酷吏，结下了不少冤家。终于，灾祸轮到了其中的一个酷吏头上。

一天，女皇接到密报，上面列举了几条周兴的罪状，说他跟已被处死的那个掌管禁军的大将军丘神勣有染，二人曾经是同谋。女皇看了大惊失色，立即下密旨，叫来俊臣火速查办。

太监连夜把密旨送到来俊臣家，正赶上来俊臣和周兴在一起边喝酒边议论提审犯人的事。等太监一走，来俊臣马上看完了密旨，不动声色地往袖口里一藏，跟没事人似的回过头来问周兴："这两天抓到的犯人，怎么打也不招供，你有什么招吗？"

周兴嘴角一咧，眉飞色舞地说："那还不容易？我这两天刚想出一个新招，就先说给你听听吧。其实挺简单，搬一口大瓮放在炭火上，谁不招供就把他扔在里面慢慢烤，难道还怕不招供？"

来俊臣一听，竖起大拇指，连连称赞说："好主意呀，实在是高！"话音刚落，就吩咐手下马上去搬一口大瓮和一盘炭火到厅里来。不一会儿，噼里啪啦的，炭火烤得厅里人不住地淌汗。

周兴正纳闷儿，来俊臣突然脸一沉，站起来说："刚接到皇上密旨,有人告发周兄你曾与丘神勣谋反,你若不肯从实招来,别怪小弟我秉公执法,就按兄弟刚才说的烧烤办法,不妨请你先来感受一下吧。不过嘛,我实在是不想请君入瓮啊。"

周兴一听,吓得魂飞魄散,连忙扑通一声跪在地上,不停地磕着响头求饶,他深知一旦入了瓮,必然惨烈异常、皮肉无存。只要不进瓮,定什么罪都认栽。来俊臣一想,皇上既然下了密诏,多半是要杀他,如今一吓唬就招了,于是定了个谋反的死罪报了上去。

判案奏折到了女皇那里,她一寻思,周兴为她杀了那么多人,从中得到不少赏赐,既升官又发财,为什么还谋反呢?没准儿是有仇人在坑他,还没上刑就屈招了。于是她赦免了他的死罪,但有谋反的供词在,绝对不能留用,就把他革职,一路流放到岭南。

周兴坐在囚车里,正在庆幸自己大难不死,逃过了这一劫,没准儿将来还会有出头的机会,可架不住他以往刑讯逼供、害死的人家太多,那些因他而家破人亡的仇人也饶不了他呀。囚车刚走到郊外,太阳还没下山,四处闻讯赶来索命的仇家一拥而上,乱刀砍死了周兴。此事传到了宫里,武则天一阵阵感到瘆得慌,怕引起更大的民愤,就借机把民愤极大的索元礼定了个罪名,杀头示众,以此平平民心、躲躲民愤。

还剩下一个酷吏来俊臣,成了女皇最得力的干将。在女皇的宠信下,又接着干了几年残害忠良、诬陷夺命的差事,就连宰相狄仁杰也被他诬告谋反,锒铛入狱,差点儿丧了命。

来俊臣背后有女皇做靠山,整起人来有恃无恐,极其凶残,

隋唐故事

他一心追逐权力，想独揽大权，于是对武则天的女儿太平公主和侄儿武三思这两人十分忌惮，嫌他们的势力太大，便玩起了老把戏，把谋反的罪名安到他们身上来了。没想到这回的把戏不好使，这两个皇亲国戚一听到风声，就来了个先发制人，把来俊臣这几年刑讯逼供、滥杀无辜的老底都给抖了出来，接着合力把他抓了起来，判他死罪。武则天念他平日有功，还想极力庇护他，一看自家人都快跟自己翻脸了，只好皱着眉头，挺不情愿地批准了斩杀来俊臣的奏折。

行刑那天，百姓都跟过节似的，拥向刑场来看热闹。等到来俊臣的人头一落地，大伙儿都舒心地松了一口气，无不兴奋地说："这下可好喽，终于除掉了这个孽障，咱们都能安心睡觉了。"来俊臣这个杀人如麻的家伙，曾别出心裁地与其党羽写下了一部《罗织经》，这是人类历史上第一部制造冤狱的经典，书中详细记载了七个编织和罗列罪名的程序。他枉费心机地写下这部黑书，是为了讨主子的欢心，同时也把自己的心熏得越来越黑，末了，自己被推上了断头台，博得了现场观众的满堂彩。

公元705年正月，八十二岁高龄的武则天病入膏肓，行将作古。朝廷不可一日无君，宰相张柬之等人拥立武则天的儿子李显为皇帝，李家终于又恢复了大唐的国号。

昔日威风凛凛、说一不二的女皇，在执政十六年后，这个武周王朝也就不复存在了。她万万想不到在自己生命的最后时刻，又回到了大唐的天下，个中滋味，如同当头挨了一棒，奄奄一息地在长安上阳宫里等死。

临死前的武则天心里直犯嘀咕：最大的心病是数不清自己生前杀了多少人。万一属下在碑文里刻上几句溢美之词，恐怕早晚会被后人掘了坟。于是嘱咐旁人，在她的墓碑上什么也不要写，让后人去评说她的功过吧，于是有了这块著名"无字碑"。

第二十章 一代名相

唐朝名相狄仁杰，出生于官宦家庭，小时候饱读诗书，聪明过人，长大后通过科举考试，出任汴州（今河南省开封市）参军。

唐高宗仪凤（唐高宗李治使用的年号）年间，狄仁杰担任大理丞（分管中央各部门及各州司法案件的复审），一年中审理了大量积压的案件，涉及一万七千多人，居然没有一桩案件上诉。可见审理断案的公平程度，一时间名声大噪。这一年，左武卫大将军权善才误砍了唐太宗墓上的柏树，唐高宗得知后下旨将他处死。狄仁杰上奏说："依据律法，应免去官职，而不应判处死刑。"

唐高宗一听，气得沉下脸说："权善才砍了墓陵上的柏树，如不将他处死，就是朕对先帝不孝顺！"

众臣一见龙颜大怒，都替狄仁杰捏了把汗，纷纷向他递眼色，让他赶紧退下了事。狄仁杰不但没后退，反而上前一步说："国家既然制定了律法，对各种罪行的处理已有明确规定，哪有不是死罪的却处以死刑的道理？法律如果随意更改，天下百姓怎能知道什么叫犯法，什么叫合法呢？为了一株柏树而处死一名武将，百年之后，历史将如何评价陛下呢？"

唐高宗一听，觉得狄仁杰说得确实有理，心想，不能为了杀一个将军而坏了自己一世的名声，就冷哼了一声，收回了命令，照着律法的规定免去了权善才的官职。

当了宰相的狄仁杰，不忘身负伯乐的使命，只要发现人才，就马上举荐。有一天，武则天召狄仁杰进宫议事，问道："我想物色一个能担任要职的人才，你看看有没有可以推荐的？"

"不知道陛下要物色什么样的人才呢？"

"我想找一个可以当宰相的。"女皇边说边瞟了一眼身前的宰相。

身为宰相，狄仁杰毫不犹豫地说："荆州长史张柬之，岁数虽然大了些，但办事干练，是个当宰相的人选。"

女皇听了狄仁杰推荐的人选，还是有点儿不放心，就任命张柬之到东都洛阳做司马，先让他在底下干着，看看再说。

不久，武则天又向狄仁杰提起举荐人才的事，狄仁杰不解地问："上次我向陛下推荐张柬之，陛下为何还不任用呢？"

"我不是任用他为洛州司马了吗？"女皇揣着明白装糊涂。

"我向陛下推荐的可是当宰相的人选，不是让他当个司马，您这是大材小用啊。"

武则天心想：哼，谁也别想一步登天！既然这个老臣两次都举荐他，那就再提拔一下，任张柬之为侍郎。经过一番考察，业绩的确不错，是个有经验的老臣，这才任命张柬之为宰相。

像这样，狄仁杰前前后后一共举荐了几十个人，如桓彦范、敬晖、窦怀贞、姚崇等。他们清正廉明，办事干练，一心为大唐的江山社稷着想。后来，这些人都成为唐代中兴的名臣。

武承嗣是武则天的侄子，一心想接女皇的班。他觉得狄仁杰从不赞成自己被立为皇太子，于是想起狄仁杰就堵心。公元691年，他勾结酷吏来俊臣，设计诬告狄仁杰等大臣谋反，将他们抓进了监狱。当时来俊臣制定的酷吏刑法中有一项条款：一经审问，马上承认罪行的可以免去死罪。来俊臣千方百计地逼迫狄仁杰承认谋反，狄仁杰坦然地说："如今陛下建立周朝，什么事情都重新开始，像我这种唐朝老臣，早就该杀掉了。"

来俊臣不死心，想通过狄仁杰多挖出几个犯人，这样到女皇那里又可以邀功请赏了。于是，来俊臣就派人对狄仁杰说："机会只有一次，如果你能供出其他同犯来，就可以减轻你的罪责，你想想还有谁？"

狄仁杰肺都快气炸了，忍不住吼了起来："天哪！这等无耻的事，我可干不出来！"说完就用头撞柱子，那个被派来的判官吓坏了，急忙把他拉住。来俊臣一看，虽然狄仁杰没能招出同谋，但至少招供了他自己谋反，也算是立了一大功。审来审去，来俊臣再也榨不出老臣半点油水，以后对他的看守就不那么严密了。

一天夜里，狄仁杰借着月光，撕下一块棉衣布，偷偷写下了申诉状，把它藏在了棉衣里。第二天，他对看守的狱卒说："天已转暖，这棉衣我也不穿了，请你通知我的儿子，让他来取走吧。"狱卒知道狄仁杰是被迫才认下罪名的，挺同情他，马上找到了狄仁杰的儿子。他儿子隔着铁栅栏接过棉衣，一看父亲的眼神心里就有数了，回家拆开棉衣，发现了申诉状，就拿着申诉状去宫里上告。

武则天见了申诉状，心里也奇怪，这些人明明是朝廷忠臣，怎么突然都变成了反臣？于是武则天马上召见了狄仁杰等"谋反"的大臣进宫，面对一排老臣，她冲着狄仁杰冷冷地问道："你既然承认谋反，为何又写了申诉状？"

狄仁杰从容不迫地回答："陛下有所不知，老夫倘若不承认谋反，早就被他们活活打死了，哪还能再见到皇上呢？"

武则天深知来俊臣的刑讯手段，心想，八成是屈打成招，就免了狄仁杰等人的死罪，但又疑神疑鬼地不放心狄仁杰，索性撤了他的宰相职务，贬到外地当个县令。直到公元697年，由于狄仁杰政绩卓著，才将他调回来继续做宰相。

武则天历来对梁王武三思这个侄子很有好感，到了晚年，准备立侄子为太子，就召集群臣商议，希望得到大臣们的支持，省得以后惹出什么麻烦。众大臣都没敢吭声，只有狄仁杰站了出来，提出了反对意见："当胡人大举入侵时，陛下命令梁王招募新兵，一个多月都没招上一千人，而让庐陵王招兵时，不到一天就有五万人来参军，由此可见二人能力悬殊，不言而喻，能够继承皇位的，除了庐陵王（李显），还能有谁呢？"

武则天听了觉得很没面子，又找不出反驳的理由，于是忽地站起身，一扭脸甩着袖子就退朝了。

没两天，狄仁杰又从另一个角度来劝说武则天："陛下，您想想，侄子和儿子究竟哪个更亲呢？立自己的儿子为太子，可以在宗庙内得到千秋万代的祭祀，如果立侄子为太子，自古以来，还没有听说过有哪个侄儿祭祀姑姑的。"

武则天虽然认为他说得有道理，但心里仍然不得劲，索性冷冷地回了句："册立太子，这是我的家事，你就不要插嘴了。"

狄仁杰不紧不慢地说："非臣之事，臣绝不插嘴。但君王以四海为家，四海之内，哪一个不是您的臣民，哪一件事不是陛下的家事呢？陛下是君王，作为臣子，自然有辅佐陛下的义务，更何况臣是陛下的宰相，怎么能不尽心尽责呢？"

武则天听了这番话，感到很有面子，终于下决心立庐陵王李显为太子。为此，狄仁杰为恢复唐朝立下了大功。

狄仁杰一生为官清正廉洁，敢于犯颜直谏。他提出的主张和实施的策略，都是从稳定社稷、滋养民生来考虑，并历来强调百姓需要安居乐业，国家必须长治久安。此外，他那甘当伯乐、礼贤下士的精神，一直为世人称道，成为一代名相。

第二十一章 李显之死

历史上暴毙的皇帝数不胜数。到了唐太宗的孙子唐中宗身上，也没能逃出这个厄运。那么作为一个拥有无上权力的皇帝，有谁胆敢谋害他呢？

唐中宗名叫李显，是武则天和唐高宗的第三个儿子，曾先后两次登上皇位。第一次是在唐高宗驾崩后，那时他对垂帘听政的太后很不满，打算组成自己的宫廷势力，提出让韦皇后的父亲当侍中（相当于宰相），可是大臣裴炎提出了异议，说："这不是任人唯亲吗？"

李显怒气冲冲地对他说："别说是一个小小的侍中，我就是把这天下送给他又怎么样？"裴炎听了一愣，心里寻思着：见过向着老丈人的女婿，可没见过这么向着的。一转脸裴炎就告诉了武则天。

武则天没想到自己立的皇上居然怀有二心，对中宗的言行大为恼火。公元684年二月，才坐上皇位两个月的李显被武则天叫停，贬回庐陵王，先后被软禁在均州（今湖北省丹江口市）、房州（今湖北省房县）达十四年。这期间只有妃子韦氏始终陪伴着他，两人相依为命，备受艰辛。

每当李显听说武则天派使臣前来宣旨，就吓得心惊肉跳，回回都想自杀。韦氏总是在旁安慰他说："祸福无常，使臣前来不一定就要你死，何必这么害怕。"在韦氏的陪伴下，李显熬过了十多年的苦难岁月。他怀着感恩的心，曾对韦氏发誓："有朝一日我若能重登皇位，一定满足你的一切愿望。"患难夫妻的这段经历，李显没齿不忘。

眼瞧着武则天快咽气了，朝中大臣拥立李显第二次登上了皇位，李显马上兑现了当初的诺言，册封韦氏为皇后，并让她参与朝政。大臣们好不容易熬出了头，这会儿又来了个垂帘听政的皇后，大伙儿都表示反对，可李显充耳不闻，我行我素。韦后为了拉关系，把女儿安乐公主嫁给了梁王武三思的儿子，两家一结亲，韦后就和武三思勾结到一块儿，搬出酷吏来俊臣编写的刑讯教科书《罗织经》，挑出里面的几项条例，先后给张柬之等一批忠臣扣上谋反的罪名，全部陷害致死。这样，武则天驾崩后，皇权就像接力棒似的传到了韦后和武三思的手中。

唐王朝中断了十五年后，虽然恢复了国号，但李显完全照搬了他老爹李治的做法，每当上朝，就让皇后韦氏效法起当年的武

隋唐故事

后，同时出现在金銮殿上听政。韦氏白天垂帘，晚上跟武三思见面，把武姓家族再一次安置在复辟后的大唐保护伞下。

恢复后的大唐，当权人物除了武姓氏族外，又多出个韦姓氏族。唐中宗对这一切视而不见，只醉心于享乐。他最宠爱的小女儿安乐公主，心里一直很崇拜死去的奶奶。为了增强势力，她和韦皇后居然公开卖官纳贿，把大唐所有的官爵按照官职大小明码标价，如县官什么价，州长（刺史）多少钱。一旦价款收足，母女俩就用皇上的名义，下文中书省（中央政府的中枢部门），发布人事任命诏书。

这种通过买卖得来的爵位，都是经由皇帝下谕旨给中书省，当时称作"斜封官"，特指斜着封口即生效，不必再经由门下省（隋唐设立三省六部制，另有尚书省、中书省二省）审查。

安乐公主从小在宫斗环境中长大，玩弄权术早已驾轻就熟，不在话下。她一旦得了买官钱财，就对号入座，把授官的诏书写好，请老爹御笔签名。待笔墨伺候完毕，就经常用她那纤纤细手轻抚诏书，双双按在上面，这样一来，就遮住了诏书内容。李显见了爱女就犯晕，不知怎么疼才好，因此对诏书从来都不看，御笔签完了事。母女俩就这么瞒天过海，不知干了多少回这种勾当。

安乐公主长得明眸皓齿，身材娇小，皮肤白皙，儿郎们见了没有不直眼的，可谁能料到她是个野心极大的小女人，在她的心目中，只有武则天才是自己的榜样，为此一直梦想着做女皇。

她曾大胆地向父皇提出，要求废掉太子李重俊，立自己为皇太女。李显深知这个提法在众臣那里一定通不过，于是就没答应。

安乐公主很不服气，立即把奶奶搬了出来，说："女皇武则天也不过是晋商出身，她都能当皇帝，我是您女儿，为什么就不能当皇太女呢？"

唐中宗只好笑嘻嘻地哄着她说："这个嘛好说，小女先不急，改日上朝，父皇再与大臣们好好商量商量。"

太子李重俊并不是韦后的亲生子，一听到这个消息，深感不安，立即和左羽林大将军李多祚磋商，决定先动手为强。707年，他率领羽林军三百多人，将武三思父子杀死，接着打入宫中，想继续扩大战果，把韦后和安乐公主也除掉，不料宫中兵将远多于他们，一阵厮杀后，太子和李多祚反倒被杀死。武家父子被杀，使韦后母女如惊弓之鸟，疯了似的诬陷宰相魏元忠，指责他曾与太子勾结，随即将他贬出京城。这场宫廷政变由于力量悬殊，瞬间就灰飞烟灭了。韦后母女俩占了上风，这一来，她们更加视权力如命了。

武三思一死，有个大臣叫燕钦融，认为韦后失去了一个有权势的帮手，打算借着皇上的力量把这个难缠的韦后整下去，于是上书指责韦后扰乱后宫，有辱朝纲，另外还招权纳贿、干预朝政。中宗阅后，脸上火烧火燎的，他马上把燕钦融找来当面询问。燕钦融慷慨陈词，说得有根有据。中宗气得直咬牙，越听越挂不住脸，还没等他说完，就赶紧把他打发走了。

这时，韦后已从探子那儿得到有人告状的消息，立即指使兵部尚书宗楚客派人把燕钦融捕获，当着中宗的面，撒泼耍浑地指着燕钦融大叫："他污蔑我！我不活了！"两个押着燕钦融的武夫一听，知道是韦后喊出的暗号。只见这两个武夫立刻把燕钦融高高举起，狠命地往砖地上一摔……

中宗忙跑过去一看，燕钦融已经没了气息，他非常气愤，质问宗楚客："你怎敢如此大胆？擅自杀我大臣？"宗楚客回答说："微臣也是奉了韦后之命，不敢违抗。"中宗愤愤地说："你就知道有韦后，眼里还有我这个皇帝吗？"

宗楚客刚刚命手下杀了朝臣，出了大殿后，想起皇帝的质问，心里直犯嘀咕，就去找韦后商量对策。韦后哪里还顾得上他，既然替她杀了人，就随手甩了些赏银，匆匆把他打发走了。此时，中宗追究她扰乱后宫的事才是她的心病，她正在琢磨着编出点儿什么谎话来，才能蒙混过关。琢磨来琢磨去，只可恨人家说得有鼻子有眼儿，实在想不出什么招儿。

再一想，自己辛辛苦苦地垂帘听政到现在，也该梦想成真了，如今当不上皇帝不说，为了过后宫这个鬼关还得编瞎话，真是窝囊！还不如索性把这个碍事儿的绊脚石除了，来他个一了百了。再说，女儿不是也老盼着当皇太女吗？既然母女都在一条船上，还等什么？想到这，她立即去找女儿安乐公主，一起商量怎么做掉这个绊脚石皇帝。

看着白白净净的安乐公主，从遮挡诏文让老爹签字那一刻起，就一直惦记着要当皇太女。她心里的如意算盘早就打好了，只要母后当上了皇帝，那以后的皇位不就是自己的吗？如此一来，三代女皇母仪天下，那是何等地光宗耀祖啊！母女二人一碰头，立刻达成了高度共识。为了能做皇帝和皇太女，两人算计好了，一个杀夫，一个弑父，统统丧尽了天良。

公元710年，她们终于动手了。母女俩做好了一碗加入剧毒的汤饼，命宫女给中宗送去，李显一见是自己平日最喜爱吃的，就大口地嚼咽起来，没一会儿工夫，扑通一声倒下了。这个昏庸腐朽的李显，只当了六年皇帝，就被他往日的娇妻爱女杀死了。

母女俩得逞后，又亢奋又惶恐地过了十九天，此时，她们万万没想到自己的末日来临了。那天，李显的侄子李隆基率领禁卫军，突然冲进皇宫，还没等韦后发问，就一剑刺穿了她的咽喉。紧接着禁卫军又寻见娇小可人的安乐公主，此时她宛如淑女般端坐在锃亮的铜镜面前，正在美滋滋地梳妆打扮，好像就要上位皇太女似的，心中充满了喜悦。

突然，镜前呼啸声起，只见寒光一闪，挥来一把大刀，咣当一声！公主倒在了地上。刚才还是阳光普照下的宫殿，金碧辉煌，一派太平盛世的祥瑞景象；瞬间刀光剑影，须臾换了人间。这对母女费尽了心机，末了也没能圆成皇帝梦，反倒双双死于非命。

第二十二章 太平公主

　　武则天为唐高宗生了两个女儿,太平公主是他们的小女儿。大女儿命惨,在襁褓里就被她娘活活掐死了,成为她亲娘争宠的殉葬品。为此,王皇后稀里糊涂地背了这个黑锅,临死也没能甩出去。这么一来,小女儿太平公主,就成了唐高宗和武则天的心肝宝贝。

　　武则天掐死了大女儿,反过来对太平公主百般宠爱,算是补偿一下她那个薄命的姐姐。在太平公主八岁的时候,武则天安排她出家当了小道士,以此为外祖母杨氏祈福,"太平"就成了她的道号。而实际上,小公主在父母身边一直形影不离,待她长成花季少女时,吐蕃来向大唐求婚,要迎娶唐朝的太平公主。武则天舍不得这个唯一的女儿远嫁吐蕃，马上修建了道观，让太平公主住到道观里正式出家，这一来，有了向吐蕃拒婚的最好理由。

一晃几年过去了，有一天，坐在大殿上的高宗和武则天，看见一个儿郎打扮的年轻人缓步走来，他身穿紫色战袍，腰悬玉带，来到跟前，载歌载舞。高宗二人这才看清楚，来人正是太平公主。武则天有日子没见女儿了，笑着问："你为什么要女扮男装，如此打扮呢？"

太平公主微微一笑，指着自己的一身男装说："母亲大人，您现在不觉得女儿缺少一个驸马吗？"

高宗和武则天这才明白，原来女儿早已到了出嫁的年龄，闹着想招驸马呢。他俩的这个心尖子，招驸马必须得精挑细选。最终，他们选择了高宗的外甥薛绍做驸马，并为太平公主举办了奢华隆重、场面盛大的婚礼。路边一排排照明用的火炬，不停地蹿着火苗，居然把一路上的树木都烤焦了。再看那装着嫁妆的车子，又宽又大，像个房子，一个弯儿拐下来，连城里的坊墙都被撞倒了。

太平公主婚后，小夫妻恩恩爱爱，日子过得挺美。不过好景不长，这段婚姻只存活了七年就夭折了。因为驸马薛绍的哥哥参与了谋反，株连到薛绍，武则天二话没说，立刻下旨将薛绍一同问斩。太平公主火速进宫求情："母后，请看在我是您女儿的分儿上，饶过驸马吧，我们俩结婚才七年，谁都离不开谁，最小的孩子也才满月，您怎么能忍心把他杀了呢？再说他又没有参与谋反，更没有犯罪证据，就要杀死他吗？"

武则天看着哭成泪人儿的女儿，眉眼一挑，冷冷地说："为

故事里的中国历史

了江山社稷的稳定，我也没办法，只能这样做，不能因为他是你的驸马，当娘的就得坏了朝廷的规矩。你作为一国公主，又怎能如此儿女情长？不过呢，看在你的面子上，我可以退让一步，给他留个全尸吧。"

太平公主听了欲哭无泪，原有的那份知寒问暖、与生俱来的亲情，此刻在母亲坚如铁石的心肠面前，瞬间变得冰冷坚硬。她的第一次婚姻就这样凄惨地断送了。慢慢地，太平公主没有了眼泪，也没有了伤心，她只有咬紧牙关，冷眼旁观宫廷里的一切事情。从此，为了改变命运，她开始执着地投身于宫斗中，不断醉心于角逐权力的游戏，不知疲倦地在充满刀光剑影的宫中游弋起来。

武则天杀了女婿，多少还是感到亏欠女儿，为了对女儿做一点儿补偿，就开始让她参与听政。不久，武则天又给她选了一个驸马，就是自己的侄子武攸暨（jì）。当太平公主嫁给武攸暨两个月后，武则天正式登基做了皇帝，而太平公主因为是武家的儿媳，躲过了后来发生的一场灾祸。

武周末年，武则天终于听从了宰相狄仁杰的劝告，将庐陵王李显接回立为太子。公元705年，武则天患病卧床，太平公主觉得时机成熟，就和宰相张柬之联手，除掉了武则天的宠臣张昌宗和张易之。武则天在病中一下子失去了左膀右臂，被迫将皇位提前传给了太子李显。因太平公主拥立哥哥有功，被中宗皇帝大大地封赏了一番，此时的太平公主感到扬眉吐气，不禁在心中默默地告慰那屈死多年的亡夫在九泉下的冤魂。

中宗李显登基后，一味追求奢华享乐，朝政大权全都把持在妻子韦后、女儿安乐公主手中。太平公主看在眼里，急在心里，认定韦后母女一伙是自己的死敌，于是加大力度培植亲信人马，打算跟韦后她们一决高下。韦后有权有势，经验老到，一听到风声，就立刻先出手了。她诬陷太平公主同她的哥哥相王李旦，蓄谋要篡夺皇位。李显一听，皇后的话还能有假？顿时大惊失色，正想要严办，经大臣们一再苦劝，太平公主和李旦才得以死里逃生。

此时，真正要谋权篡位的韦后母女俩已经等不及了，她们毒死了中宗李显。韦后将她最小的儿子李重茂立为皇帝。太平公主吸取了上次由于力量不足险些落难的教训，这回与相王李旦的三儿子李隆基联合发动政变，一举诛灭了韦后与安乐公主。可那个小不点儿李重茂还当着皇帝呢，虽说是个摆设，但谁都不敢出头罢黜这个小帝王。

一天，太平公主趁着上早朝，当着众朝臣的面，走到李重茂面前，说："这里可不是你一个娃娃待的地方。"边说边抓起小不点儿的衣领一提，就把他拎下来搁在一边，吓得小家伙哇哇直哭，公公们连忙跑上去哄他。这边哭声还在继续，那边已经拥立李显的弟弟、相王李旦登基做了皇帝，就是唐睿宗。

李旦没想到一夜之间当上了皇帝，对这个妹妹千恩万谢，立刻给予了大量的封赏，又请她参与各种政事的商讨和决策。从此，太平公主又回到了三哥中宗当皇帝时那可以为所欲为的日子，再度权倾朝野。

每当宰相有事，奏请皇帝盖印时，李旦比前两朝皇帝来得更省事，直接就问："跟太平公主商量过没有？"一旦听到肯定的答复，就再问一句："跟太子商量过没有？"如果也商量过了，李旦就取出玉玺，问大臣往哪里盖，接着在大臣手指的地方盖上。干这种事唐睿宗一点儿都不拖沓，远比前两朝皇帝还要省心，还要高效得多。至于盖的是什么奏折，有亲妹妹和三儿子把着关呢，何必操那么多心！

这样一来，太平公主越来越飘飘然了，走起路来脖子一挺，腰板直直的，风度气质也更像她老娘了。她的庄园也跟她的权力似的，得到了很大扩展，奴仆也跟着一天天多起来。太平公主深感大权在握就是好，由于野心得以膨胀，于是对朝廷议政把持得更紧，平日除了对朝臣们指手画脚以外，再看李隆基这个侄子时，怎么都觉得不顺眼，便急着要求四哥李旦废掉这个太子。

这一来，李隆基的亲信们都表示强烈反对，大臣姚崇等人还建议李隆基干脆放逐太平公主。太平公主闻讯后气得要疯，立刻跑到太子府里，当面痛骂了侄子一顿。李隆基只好替大臣向姑姑赔罪道歉，为了息事宁人，他不得不将亲信姚崇、宋璟二人贬到外地去做官。

公元712年,唐睿宗越发感到自己就像个提线木偶被拴在宫里,实在憋屈得很，还不如做个太上皇来得自在，于是匆匆传位给太子李隆基，即唐玄宗。太平公主没想到事情来得突然，还没来得及拦住他，这个皇帝哥哥就让了位，于是准备发动兵变推翻唐玄宗，自己登基做女皇。殊不知她里里外外结的冤家太多，兵变的消息早就让唐玄宗知道了，李隆基只好率先出兵，擒获了太平公主的亲信及家人。

太平公主闻讯逃入深山,并请求侄儿放自己一马,太上皇李旦也出来为妹妹向儿子李隆基说情。这次太平公主发动的政变虽然被及时粉碎了,但李隆基却仍然感到惊魂未定。他考虑再三,决定不留后患。最终,逼得太平公主只好自杀了。

第二十三章 南山可移

太平公主在世的时候，有个叫李元纮（hóng）的人，世世代代居住在京兆万年县（今陕西省西安市）。他的祖上李粲（càn）在唐高祖李渊起事的时候积极率部响应，因此立下了功劳，被封为应国公，李元纮由此世袭为官。唐中宗神龙二年（706年），李元纮出任雍州（今陕西省中部、甘肃省东南部、宁夏回族自治区南部及青海省黄河以南的地区）司户参军，成为雍州负责管理审制的地方官。那时李元纮还是个风华正茂的青年，长得英俊潇洒，做事严谨。

长安城里，随着冬天的来临，天寒地冻，冰雪皑皑。这天，太平公主带领随从到郊外游玩，溜溜达达来到了京城的西边，在凛冽的寒风中，眼前一片枯树凋零的景象，她觉得实在没什么好看的，于是就转道去雍州游玩。雍州离京都长安不远，不一会儿一行人就到了雍州地界。

太平公主在随从的前簇后拥下来到雍州的一座寺院——积云寺。她进去烧了炷香，对着庙堂里的几尊佛像叩拜完毕，起身由住持老和尚引路，带领她和随从们在寺院里转了一大圈。当她正要往外走时，发现西南角的厨房里有一盘大石磨，吸引了她的目光。她走上前去，伸出纤纤玉指在石磨上来回摸了摸，发现冰凉的石磨不仅结实平整，纹路清晰，而且磨盘边上还刻有精美的花纹，在光影的照射下时隐时现，很是养眼，再俯身细看，原来这石磨是用纯正的青石打造，材质精良，做工上乘。由于年代久远，磨盘表面隐隐约约泛着淡淡的青绿，与其说是一盘老石磨，不如说是一件古朴厚重、条纹秀美的雕塑品。

随从们围在石磨旁，微躬着腰背、垂着双眼候着太平公主，而太平公主旁若无人地一直端详着石磨，爱不释手地摸来摸去，不由得起了贪占的心思，忍不住对老和尚说："住持，我们那么大的皇宫里，都没见过这么好看的石磨，宫里正缺少这一款。依我看，就把它当作寺院敬奉我的礼物吧！"没等老和尚回话，太平公主一扭身，昂起头飘飘然地走了出去。只见她身后随风飘摆的裙带，沿着地面一抽一抽的，拖出了一小段路。

老和尚暗暗叫苦，心想：糟了！今儿算遇上魔障了。但又不敢得罪这个大公主，只好追上去赔着笑脸，双手合十地说："这盘石磨倘能被公主看中，实在是我们寺院的福气啊！不过……"

"不过什么?"太平公主扭头瞟了一眼老和尚,不屑地说,"不过就是一盘石磨罢了,怎么,你不会舍不得吧?"

老和尚战战兢兢地说:"老衲寺内有百十个僧人,平日就指着用它来碾米磨面糊口度日啊。如今公主把它拿走,众僧靠什么用膳呢?再说此磨是本寺几百年前传下来的,还请公主菩萨心肠,万万开恩,把它留给我们吧。"

太平公主有点儿不耐烦了,她不想再听老和尚唠叨,把脸一沉,一身戾气地朝着随从们喝道:"你们还磨蹭什么!难道要本公主亲自动手不成?"说完,头也不回地走出了寺院,跨上马车扬长而去。

随从们一看公主气呼呼地走了,马上替主子向老和尚念叨开了:"一具老石磨能值几个钱,大名鼎鼎的镇国太平公主,今天能够凤体亲临寒寺,那可是你们寺里的造化,可别敬酒不吃吃罚酒呀!"说完就七手八脚地把石磨搬到马车上去了。寺里其他和尚闻声赶来,因忌惮公主的权势,都围在老和尚身边,谁也没敢上前阻拦。

"这天底下还有没有王法呀!"老和尚眼睁睁地看着石磨被抬走,气得下巴颤抖,两眼发直。众僧纷纷劝老和尚:"告她去!听说李元纮能替百姓做主,百姓但凡遇到冤枉事儿,都愿去找他,咱们到雍州衙门告她一状,就不信告不了她!"

老和尚心想,寺庙的僧人怎么能告倒权倾天下的公主呢?又一琢磨,既然都说李元纮一向为官清廉,断案公正,眼下也只能碰碰运气了。于是,他们写好状子,将太平公主告到雍州府,要

故事里的中国历史

求州府主持公道，将夺走的石磨归还寺庙。

雍州司户李元纮接到状子，立即派人调查，结果证实这盘石磨多年来确实是寺院的物品。李元纮拿着状子思考再三，心想，自己只是个司户，比七品芝麻官还要低微的小吏，如今要跟皇帝的妹妹叫板，恐怕没什么好下场，但石磨是积云寺的财产，太平公主不该强夺，于情于理，明摆着是仗势欺人。想到这儿，他不管皇帝妹妹的权势有多大，就判太平公主应将石磨归还寺院。

这时的太平公主连皇帝都不放在眼里，又有那么一帮大臣整天讨好她。她万万没想到，雍州司户这么一个不起眼儿的小官，居然敢不买她的账，将石磨判给僧人。一时气得炸开了锅，揪着长长的裙子在宫里来回跺着脚，时不时地冲着下人吼上几嗓子，嘴里狠狠地骂着："小兔崽子，竟敢跟我较劲？真是活腻烦了，看本宫怎么收拾你！"于是，派人找雍州刺史窦怀贞兴师问罪。

身为雍州刺史的窦怀贞，平日令他挠头的事就不少，眼下这件官司更让他抓瞎。按理说，这个案子很简单，石磨是寺庙的，被人强夺，判被告归还就是了，可偏偏碰上了权倾朝野的太平公主，简直成了烫手的山芋。他曾经听说太平公主非法霸占百姓的田地，因是皇帝的妹妹，没有人敢得罪她，现在自己的下属李元纮竟为了一盘老旧石磨，敢跟太平公主叫板，简直是吃了熊心豹子胆！这肩上的罪责谁能担当得起呀？

窦怀贞一刻也不敢耽搁，马上召见李元纮，连责备带埋怨地说："哎呀！你怎么这么糊涂，竟然把石磨判还给寺院！"李元纮坐在那里一声不吭，只是叹了口粗气。窦怀贞急忙从几案上拿起毛笔，递给李元纮说："得，你也别后悔了，赶紧的，把判决书给我改过来！"

李元纮面对顶头上司，苦笑了一下，接过毛笔，挥笔在判决书上写下九个刚劲有力的大字："南山可移，判不可摇也！"南山就是长安南面的终南山，意思是：终南山可以移动，我这个判决绝不能更改！窦怀贞见他说改就改，总算放了心，拿过改好的判决书一读，顿时愣住了，接着气急败坏地说："你简直疯了，不想活了？"他生怕连累自己，一甩袖子，急忙跑去见太平公主。

太平公主听完窦怀贞的汇报，心里又惊又奇：这么个小官为什么要跟自己死磕呢？他执意如此办案，弄得僧人敢于告状，这背后一定有文章。于是忍不住问道："那个司户李元纮到底是什么来历？"窦怀贞忙回答："禀公主，那李元纮已经离职而去了。这个人嘛，倒是一贯公正廉明，当初在雍州小有名气，得到了当地百姓的拥护。下官上任后，觉得他是个清官，才提拔为司户。如果为此事杀了他，一定会激怒百姓啊。"

太平公主在年轻时好歹出家过几年，和母后武则天又都信奉菩萨，如果菩萨看到寺院的财物被侵夺，和尚受欺侮，是不会饶恕她们的！想到这儿，太平公主沉吟起来："也罢，李元纮既然辞官回了家，那就好说了。行了，你起来吧。"

没过几天，太平公主派人悄悄把石磨送回了寺院。这件事情传遍了京城，人们一提起李元纮，纷纷竖起大拇指。他挥笔写下的判词也传为了佳话。后来，这句"南山可移，判不可摇也"逐渐演变成"执法如山"这个成语。

第二十四章 开元盛世

唐玄宗在刀光剑影中夺取了皇权，即位时二十八岁，正值年富力强。他深感要坐稳江山，必须要励精图治。开元年间（713年—741年），他通过对朝政大刀阔斧的改革，逐步使政局稳定、经济繁荣、文化昌盛、国力富强，这是唐朝的第二个鼎盛时期，历史上称为"开元盛世"。

朝廷在玄宗的监督下，大臣们都必须按照规定秉公行事，厉行节俭。三品以下的大臣以及内宫后妃，一律不得佩戴金银饰品。玄宗认为，历来宫女们为了争宠，不断发生各类宫斗事件，使朝廷不得安宁，为此，下令遣散了大批宫女。一来减少了后宫内耗，二来节省了大量开支。随后又明令全国各地，不得开采珠玉以及制造绫罗锦缎，一改武则天时期后宫的奢靡之风。

为了清理户籍，唐玄宗命宰相宇文融清查全国的流失户口和户籍之外的可耕田地。结果共查得八十多万户流失散民，这一来，大幅增加了唐朝的税收和兵力来源。由于采取了这些措施，唐朝的财政变得丰裕起来，粮仓充实，物价稳定。

玄宗抱定要励精图治，首先从任用贤能开始。他先起用姚崇、宋璟为相，后来又任用张嘉贞、张说、李元纮、杜暹、韩休、张九龄为相。这些朝臣各有所长，人人尽忠职守，使得朝廷充满朝气。由于发展经济，提倡文教，使得天下大治。

玄宗采纳了宰相姚崇提出的十项建议，并以这十项建议为施政纲领，在短期内就把朝政治理得井然有序。姚崇之后的宰相宋璟，为人刚正无私，一身清廉，想买官的人见了他就发怵。他很像名相狄仁杰，乐意当个伯乐，善于举荐人才，官吏中谁适合干什么职务，他都心中有数。因此，每逢唐玄宗委派官吏出任时，他都能提出恰当的建议，做到人尽其才。

在改革以往不合理的吏治中，玄宗采纳了张九龄的建议，制定官吏的迁调制度。选取京官中有潜力的官员外调为都督、刺史，以训练他们的处事才能和培养执政经验。与此同时，又选取都督、刺史中政绩突出的人，晋升为京官。一时京官的爵位，成了人们向往仕途的香饽饽。大伙儿明白，面对严格的官吏考核，手里要是没有点像样的金刚钻，谁也不敢去揽京官这个瓷器活儿。

唐玄宗十分重视基层地方官的选拔和任命。716年，他亲自将吏部选录的县令召到大殿上面试，结果只有鄄城（鄄juàn）令韦济做到了词理第一，于是任命他为醴泉令（醴lǐ），剩下二百多人虽然回答得中规中矩，但大多缺乏独到的见解，只好下诏暂时以预备官员赴任，有待将来考核后再确认官职。还有完全不称职的几十个人，玄宗干脆取消了他们的继任资格。这一来，吏部侍郎露了馅儿，大有索贿卖官、选人不当的嫌疑，唐玄宗心知肚明，立刻罢免了该部大员的官职。

在对外军事决策上，玄宗采纳了张说的提议，实行募兵制，以取代逐渐废弃的府兵制。公元722年，他亲自挑选府兵及壮丁共十二万人作为京师的宿卫（宫禁中值宿警卫），并称为"彍骑"（彍kuò）。而在边疆地带，他设置了十大兵镇，以节度使（唐代开始设立的地方军政长官）作为监督机制，这些边镇节度使，各自统领几个州，手握兵马大权。突厥、吐蕃、契丹等外族虽多次侵犯边境，但都被节度使一一率部击退。通过推行这些措施，加强了对外族的防范，巩固了边疆的稳定。

良田千亩，离不开灌溉。在唐玄宗的倡导下，全国兴修了许多水利工程。蓟州三河县（今河北省三河市），开凿了孤山陂，灌田二十万亩；晋阳文水县（今山西省吕梁市），开凿了甘泉渠和灵长渠，灌溉良田数十万亩，大大促进了农业生产的发展。唐代享有"诗圣"美誉的杜甫，曾在《忆昔》中精彩地描绘了当时的盛况：

"忆昔开元全盛日，小邑犹藏万家室。稻米流脂粟米白，公私仓廪俱丰实。"

开元盛世年间，对自然科学的学理研究也取得了骄人的成绩，

故事里的中国历史

一四六

其中以天文学最为突出，当时处于世界领先水准。代表人物为唐朝僧人一行（683年—727年，著名天文学家和佛学家），本名张遂，魏州昌乐（今河南省濮阳市南乐县）人。

由于自汉太初（汉武帝年号）到唐麟德元年（664年）之间，历史上先后有过二十五种历法，但都不够精确，又因为麟德历所标的日食时间往往不准，玄宗就请一行进京，要他重新制定历法。一行花了七年时间，参考了大量的资料，并做了许多实测，以严谨细致的治学精神，终于写成了《大衍历》。

同时，一行等人又为《大衍历》的编订，制造了非常精密的黄道仪，以此来观测日月五星的运动，测量恒星的赤道坐标和对黄道的相对位置。其间，一行发现这些恒星的位置与汉代所测结果有很大出入。这次他采用实测数据，否定了历史上的"日影一寸，地差千里"的错误理论，提供了地球子午线一度弧的精确长度。

唐玄宗任命昭文馆学士马怀素为修图书使，组织搜集和整理编书事务。他还亲自检查图书的编辑工作，选定大纲，取其精华，传于后世，并下令在长安、洛阳创设集书院，组织全国各学科的著名学者，集中力量著书立说。

随着中国又一个黄金时代的兴起，唐代的诗歌创作达到了空前的鼎盛，并保持了二百多年的巅峰。世界上任何文学作品都可以译成其他文字，奇妙的是，唯独中国的诗歌是很难翻译的。由于它具有独特的东方审美特征，诗中的主词含蓄隐晦，蕴藏着极其丰富的文化内涵，若翻译时予以直译，将会变成缺乏韵味的直白语句，而诗中原有的内在含义和韵味往往就会荡然无存。另外，由古代象形字演变而来的汉字，构成了中国诗的载体，诗人倚靠汉字的排列组合，构成合辙押韵的诗句，产生美轮美奂的朦胧意境，读来不禁萌发联想，饶有兴味，扣人心弦，引人入胜。

唐朝的都城长安，这时已成为世界各国的经济和文化交流中心。当时水陆交通空前发达，在诸多的港口中，大多以广州港作为集散地。前往西洋（主要是东南亚、印度）的商船，先由中国其他各小港口集中到广州，当装满最后一船粮食和水等补给后，才扬帆启航。

此时由西洋到中国的商船，均先抵达广州港，随后再转往其他小港口。当时的广州港，盛况空前，经常挤满了西洋驶来的商贸船队。

在开元盛世时期，这座繁花似锦、游人如织的长安城，前后吸引了三百多个国家和地区的人前来观光学习，同时开展文化交流和商贸活动，使万人瞩目的盛唐发展到了一个崭新的阶段。

第二十五章 姚崇灭蝗

姚崇是唐朝的著名宰相、三朝元老，先后在武则天、唐睿宗、唐玄宗时期担任宰相要职，这在我国古代王朝中并不多见。

姚崇自幼通读经史，文才出众，后来参加科举考试走上了仕途。他精明干练，官位不断升迁。早在武则天当政时期，就显现出他的才能。唐王朝疆域辽阔，契丹人不断骚扰唐朝北疆，又有突厥、吐蕃以及中亚的阿拉伯帝国在周边虎视眈眈，因此无法将分散的力量集中起来，去消灭一个正在崛起的北部契丹。那会儿姚崇在兵部任职，他克服重重困难，把千头万绪的纷杂事务处理得井井有条，在一定程度上削弱了外族恣意挑衅的势力。因此武则天对他很器重，提拔他做了兵部侍郎，后来又迁升宰相。

在唐睿宗即位以后，由于太平公主拥立睿宗有功，又是唐睿宗的妹妹，一下子变得位高权重。她因为一段美好的婚姻生活被她娘亲手给扼杀了，从此，她对人间的冷暖和真情感到麻木，反而把权力、皇位看成至高无上的目标，一心想当女皇。为此，她时常干预朝政，企图跟太子李隆基争夺皇位。而宰相姚崇一直支持太子，曾上奏睿宗，建议将太平公主迁到洛阳去住。另外，为了削弱皇族宗王的势力，他建议把几个掌握兵权的宗王分派到地方上去当官。

姚崇提出这些建议和忠告，是为了维护大唐的江山社稷，为了稳定朝廷的大局，谁知昏庸的唐睿宗把这些事都告诉了太平公主，太平公主一听，恶狠狠地下了毒咒："挡我者必死！"就诬告姚崇挑拨皇帝兄妹之间的关系，将姚崇贬了职。

不久，李隆基受禅继位，得知太平公主要大开杀戒，篡位当女皇，不得已只好先动手，率部下很快将太平公主的势力铲除。之后，唐玄宗马上召见被贬为刺史、惊魂未定的姚崇，打算恢复他的宰相官职。姚崇心想：朝政体制不改，再当一回宰相又有什么用？说不定哪天又被弹劾了呢！于是不慌不忙地说："陛下请先听我讲十点建议，如果您能做到，我就再当一回宰相。"

"那你就说出来听听吧。"李隆基饶有兴味地等着听他讲述。

"好！恭请陛下听臣一一道来。"姚崇直言不讳地叙述起他的十点建议：

第一，废除酷吏酷刑的律法，必须施行仁政。

第二，十年之内必须休养生息，不能对外宣战。

第三，不允许宦官干预朝政。

第四，皇亲国戚须避嫌，不能在要害部门任职。

第五，王公贵族与百姓犯法，要一视同仁，依法责办。

第六，禁止朝廷官员向百姓勒索钱财，索贿受贿。

第七，禁止劳民伤财，大肆修建寺庙。

第八，先朝皇帝轻视大臣，时常横加凌辱。当今圣上须对大臣以礼相待。

第九，前朝大臣因直言进谏而丢了性命，陛下应效法太宗，允许众臣犯颜直谏。

第十，严禁外戚干预朝政。

这十点建议句句针砭时弊，切中当今朝政要害。唐玄宗听了，想起太宗时期的黄金时代，感慨万分，当场就都同意了。第二天，正式任命姚崇为当朝宰相。

这十点建议，成为李隆基当朝的施政纲领，他以此进行了一系列的改革，又回到了太宗举贤纳谏、任人唯贤的清廉时期。由于权贵的特权被遏制，各级官员秉公办事时，再也不用看权贵们的脸色行事，从而为各司其职、各尽其责创造了良好环境。

当时，官场上遗留下来的请托之风，仍然屡禁不止。有一次，申王受人之托，向玄宗请求把他府上的一个九品官升为七品官，玄宗同意了。姚崇知道后坚决反对，说官吏的任命应归吏部管，即便是权贵的亲属或部下，也不能随意任命和加官晋爵，不然就会扰乱国家人事晋升制度。玄宗听后也觉得有理，就收回了成命。

有一年，中原地区发生了特大蝗灾，黑压压的一大片蝗虫飞过，连太阳都被遮住了。蝗群落到哪里，哪里的庄稼就被啃得精光。当时的人们，认为蝗灾是上天降给世人的灾难。一些巫师为了骗取钱财，趁机故意散布流言，闹得人心惶惶。于是，各地为了消灾祈福，天天都要烧香磕头。眼瞧着庄稼被蝗虫糟蹋得颗粒无收，百姓们心急如焚。

眼看蝗灾越闹越凶，地方官吏不得不向朝廷告急。姚崇马上向玄宗禀奏，说："蝗虫不过是一种天地间的害虫，不是什么上天降下的灾难，只要官府和百姓齐心协力，蝗灾是可以整治的。"唐玄宗立刻批准了姚崇的奏章。姚崇就下了一道命令，要求老百姓在夜里去田边点起一个个火堆，等大片蝗虫被火光吸引过来时，再集中用大网捕捉杀灭，同时在田边挖个大坑，边烧边埋。这是一个非常有效的灭蝗方法，偏偏汴州刺史倪若水拒不执行。他写了一道奏章，说："蝗虫是天降灾祸，不是我们肉眼凡胎的人类所能抗拒的，要驱走蝗虫，不能捕捉杀生，只有靠烧香跪拜神灵，才能灵验啊！"

姚崇看到倪若水的奏章，十分气恼，马上写了一封责备倪若水的信，说："如果你眼看着蝗虫泛滥成灾，拒不执行我的灭蝗命令，将来发生饥荒，你可要负全责！"倪若水一看，吓得顾不上磕头了，马上按照姚崇的规定，发动地方官员和百姓灭蝗。几天下来果然生效，光汴州一个地方就扑灭了蝗虫达十四万担，灾情逐渐缓解了。

有些大臣面对灾情的缓解，明明看在眼里，心里可并不舒服，不但不支持灭蝗，反而无中生有地百般挑剔，认为这种消灭蝗虫

隋唐故事

一五三

的做法，先人从来没有用过，现在贸然执行，恐怕有扰江山社稷，妨碍国家安稳，总之，是会出乱子的。很快，一些爱嚼舌头的人也跟着起哄，唐玄宗禁不住三人成虎（成语，指说的人一多，就能使人认假成真。），一下子慌了神，马上召姚崇上殿询问。

姚崇对这些闲言碎语早有耳闻，因此他从容不迫地回答说："陛下放心，做事只要合乎道理，为了天下苍生，就不能因循守旧。再说历史上也出现过很多次蝗灾，因为没能采取有效的灭除方法，才造成严重的饥荒，导致百姓流离失所，饿殍遍野。现在河南、河北粮仓里的粮食已经不多了，如果今年因为蝗灾闹了饥荒，将来百姓没饭吃，那才会江山社稷难保，成为要命的大事呢。"

唐玄宗一听，不禁惊出一身冷汗："依你看，现在该如何是好呢？"

"大臣们贬我灭蝗的方法有违天意，实属无稽之谈。如今陛下也有顾虑。那就请陛下先放放手，由臣来全权处理。万一出了差错，臣宁愿接受削官革职。"唐玄宗一听，这才点头同意了。

姚崇不顾周边人反对，心系民生社稷，从维护国家大局出发，继续坚持灭蝗行动，各地的蝗灾终于平息下来。姚崇主导灭蝗的成功，得到了玄宗的称赞，那些平日好嚼舌头的同僚，也终于像蝗虫似的平息下来，见了姚崇就跟没事儿人一样，照样笑容可掬地向姚崇拱手打哈哈。

公元721年，三朝宰相姚崇病逝，享年七十二岁。当时民富国强，官吏中更是流行厚葬，姚崇对此很反感，在去世前就留下遗嘱，告诫他的子孙们，自己去世后不准厚葬，只穿平常的衣服即可。以后若有家人故去，也要照他的嘱咐去做。一时被后人传为佳话。

姚崇生前清正廉明、克己奉公，力主实行新政，推行社会改革，同时整顿吏治，兴利除弊，大力发展生产，为"开元盛世"的出现贡献了力量。

第二十六章 口蜜腹剑

唐玄宗李隆基做了二十多年的太平天子,就慢慢变了味儿。起初,自己还能虚心采纳大臣们的意见,任用了一批像姚崇那样贤能的人。由于君臣励精图治,国家变得富足强盛,百姓安居乐业,经济持续增长,出现了"开元盛世"的良好局面。但时间一长,玄宗就渐渐滋长了骄傲懈怠的情绪,再也懒得处理政事,开始追求宫廷享乐,任凭奸佞小人乘虚而入,兴风作浪。不久,朝廷原有的正气清风已荡然无存,蜕变为奸臣当道,处处弥漫着乌烟瘴气。

有一个叫李林甫的大臣,没别的本事,唯独溜须拍马很有一套。他靠着阿谀奉承,爬上了高位。他深知要想保住官职禄位,就得随时了解皇

隋唐故事

一五七

帝的意图,尽量讨皇帝的欢心。为此,他花银子买通了宫内的太监、妃子,要求他们将皇帝在宫里说些什么、想干些什么,必须及时通报给他。

有了大大小小的卧底,李林甫对唐玄宗的一举一动了如指掌,一旦唐玄宗找他商量事情,他心中早已有数,对答如流,简直成了唐玄宗肚子里的蛔虫,无论说什么都跟玄宗心里想得一模一样。唐玄宗觉得李林甫简直神了,嘴甜又听话,还会办事情,不像平日总爱提意见的宰相张九龄。两人一对比,真是天壤之别啊。玄宗心想:哎呀,大臣们要是都像李林甫那样,该多好啊!

对于同僚,李林甫表面上总是笑眯眯的,装作一团和气,心里头却时时掂量着对方,一旦发现比他有能耐,或者跟他不是一条心、又胆敢违抗他的意愿时,他就会设下圈套,使对方稀里糊涂地就丢了官,若是碰上个跟他对着干的人,那人离杀头就不远了。

张九龄是唐玄宗时期的一代贤相,李林甫一直把他视为眼中钉,像这样直言不讳的大臣横在那儿,就会成为自己往上爬的拦路虎。唐玄宗耳边整天灌满了李林甫的甜言蜜语,一旦听不见就会觉着缺点儿什么,感到浑身不自在。既然离不开李林甫,就打算任命他为宰相,于是他想听听张九龄的意见。张九龄觉得此人是个祸害,就直截了当地说:"宰相的人选,有关社稷的安危。陛下如果拜李林甫为相,国家将再无宁日,必定要遭殃啊。"

由于卧底遍布,这些话先后传到了李林甫那里,他听了恨不得杀了张九龄。适逢有个叫牛仙客的朔方节度使,取得了些政绩,唐玄宗就想提拔他做宰相,张九龄认为当宰相还远不够格,就没同意。李林甫趁机在唐玄宗面前煽呼："像牛仙客这样的人，才是宰相的最佳人选；张九龄嫉贤妒能，不但是个老顽固，还是个书呆子，整天就会提那些不着边儿的意见。"

玄宗听了无奈地摇了摇头。几天后，唐玄宗又找来张九龄商量此事，认为旧事重提，他一定会给自己面子，没想到张九龄还是固执己见。唐玄宗气得直冒火，脸一沉说："这是朕的天下，难道什么事都得由你做主吗？"此后，他想起张九龄就心烦，李林甫趁机在一旁添油加醋，说尽张九龄的坏话，唐玄宗听了更觉得堵得慌，于是找了个借口撤了张九龄的宰相职位，换成了李林甫。

当时还有一个宰相叫李适之，李林甫害怕他超过自己，就想设圈套陷害他，在一次上朝时，故作神秘地小声对他说："华山下面有座金矿，皇上还不知道呢，我留着让你向皇上报这个喜讯，皇上一定会很高兴。怎么样，兄弟够意思不？"李适之一听，急忙向前拱手道谢，心想：老李真够义气，这可是富国利民的大好事，居然让给我去奏报，我可得念他这个好。于是李适之就上奏给了皇上。唐玄宗听了果然很高兴，事后又单独召见李林甫，想听听他的意见。

不料，李林甫听后无动于衷，漫不经心地说："回禀陛下，这件事微臣早有耳闻。"唐玄宗很纳闷儿地问："这么好的事，你为什么不早说呢？"李林甫答道："皇上有所不知，华山是皇家的龙脉所在，王气所在的地方，怎么能随意开采呢？一旦伤了龙脉，天知道会发生什么灾祸！所以我一直都不敢说，也不能说。"

李林甫回答得不紧不慢，有理有节，使玄宗深受感动，觉得他才是真正心系国家命运的大臣，办事沉稳老练，样样考虑得周全；相比之下，这个李适之为人处世过于浮躁，不可重用。于是下令："今后凡有奏折呈报，事先一定要与宰相李林甫商议，不可擅自贸然禀奏。"

李林甫只不过耍了一个小花招，就让李适之在朝廷的威信一落千丈，他自己反倒一跃成了一人之下、万人之上的重臣。末了，李适之还被李林甫排挤出朝廷。

李林甫深知自己坑害了不少人，虽然表面上朝臣不敢得罪他，可背地里就保不准了。李林甫为了防止群臣中有人参奏他，就想尽办法把百官与唐玄宗隔绝开来，这还不够，为了进一步封住大家的嘴，他把朝廷所有的谏官都找来，很神秘地对他们说："当今皇上圣明，有目共睹，我们身为臣子，只需按照皇帝旨意行事即可，大可不必犯颜直谏，我可都是为你们着想啊！"

大臣们听了面面相觑，知道这家伙没安什么好心，紧接着又听他说："你们看到做仪仗用的那些御马了吧？它们吃的饲料可都是相当于三品官员的待遇，如果哪匹马耐不住寂寞，不好好管住自己，偏要出来叫一声，那就马上把它撵出仪仗队，到那时，后悔都来不及了。"

偏偏有一个谏官不愿听李林甫的话，本着尽职尽责的心态，把提好了的建议上奏给唐玄宗，第二天他就接到圣旨，被降职到外地去做个小县令。大家心知肚明，肯定是李林甫在背后搞的鬼。从此以后，在这些谏官里，再也找不出像魏徵那样敢于犯颜直谏的大臣，谁不想保住自己的饭碗呢？打这以后，即使天塌下来，也没人敢向唐玄宗提建议了。

李林甫眼里的同僚们，都必须过筛子似的要从他手里筛选一下，再决定去留；而对下面的文武百官，李林甫也不放过，要是什么人对他稍有不尊，就会想尽办法把那人排挤出朝廷。

有一天，玄宗突然想起了被李林甫排挤到外地的原中书侍郎严挺之，打算重新起用他，就问起李林甫那个中书侍郎在哪里，李林甫承诺去打听一下，于是马上把严挺之的弟弟找来说："你哥哥不是一直很想回京城吗？我现在倒是有一个好办法。"

严挺之的弟弟没想到李林甫竟这么关心他哥哥，非常感激地连忙请教该怎么办。李林甫说："很简单，叫你哥哥上一道奏章，就说身体有恙，请求回京城来医治就行。"

严挺之的弟弟马上给哥哥写了一封信，严挺之见信后就老老实实地写了一道奏章，请求回京城看病。李林甫就拿着奏章去见唐玄宗，说："真是太可惜了，严挺之一直好好的，突然得了重病，奏章里说要来京城求医，看来他干不成大事了。"

唐玄宗看完了简短的奏章，遗憾地叹了口气，说："我本想把他调回朝廷委以重任，看来是不行了。"

李林甫的奸计屡屡得逞，大臣们在背后议论纷纷，都说他是个口蜜腹剑的奸佞小人。这个当了十九年奸相的李林甫，有才能的人一个个都被他排挤出朝廷，而那些惯于溜须拍马的小人却被他提拔重用，以致唐玄宗后期的统治朝纲沦丧，政治腐败，逐渐走进"天宝之乱"（天宝，唐玄宗年号，742年—756年）的阴影里，曾经万人瞩目的"开元盛世"，从此不复存在了。

第二十七章 羞花贵妃

在讲"羞花"贵妃之前，不妨提一下我国古代的四大美女，她们是西施、王昭君、貂蝉、杨玉环。杨玉环即唐代的杨贵妃。四大美女分别享有"沉鱼、落雁之容，闭月、羞花之貌"的美誉。传说杨贵妃梳妆打扮后去后园赏花时，正在盛开的鲜花都羞愧地收拢了花瓣，因此她就得了个"羞花"的美名。

杨玉环从小失去了父母，在洛阳一直跟随做官的叔叔。她天生丽质、率真活泼，不但能歌善舞，还通晓音律。开元二十五年（737年），唐玄宗宠爱的武惠妃去世了。玄宗为此痛不欲生，神情恍惚。有一天，宦官高力士向唐玄宗提起了杨玉环。

开元二十八年（740年），在玉真公主（唐朝公主，唐睿宗第九女）和高力士的运作下，借着为唐玄宗母亲窦太后祈福的名义，敕书杨氏出家为道士，赐名道号"太真"。为了彰显皇道正统，唐玄宗很快安排杨玉环住进了长安的太真宫。

五年后的一天，在给杨玉环封号之前，唐玄宗做主把右郎将军韦昭训的女儿册立为寿王妃。此事刚过十天，玄宗就把曾祖爷唐太宗时代已经废弃不用的"贵妃"名号，堂而皇之地赐给了太真宫里那楚楚动人的杨玉环。寿王李琩虽是圣上的儿子，但在宫廷里也不过是个小角色，对于父皇的夺妻行为，他只能把苦水往肚子里咽。杨玉环擅长音乐舞蹈，而唐玄宗呢，擂鼓编曲还挺在行，这让杨玉环不由得万分敬佩。已近花甲的玄宗深谙世事，尤其对自己的心上人谈吐诙谐、和蔼可亲，时常让年轻的"羞花"领略到一位拥有无限权力的长者所具有的魅力。

杨贵妃虽然不是皇后，由于备受宠爱，待遇却远远高于皇后，无论提出什么要求，玄宗都能为她办到。有一年夏天，杨贵妃忽然想起了鲜荔枝的滋味儿，唐玄宗一听，立刻命人火速办理。荔枝产在岭南（今广东省广州市）和川东（今四川省东部），地方官员接到命令后，心里都犯了难。在唐代，就算选最名贵的草原马，从盛产荔枝的岭南地区到长安也得昼夜不停地跑上十几天。夏季的十几天，荔枝岂不得烂透了。

地方官员们想来想去，觉得保证荔枝新鲜，最有效的一种运输方法，是将整棵荔枝树运到长安。还必须得盘算着荔枝果应在抵达长安的当日成熟，保证让皇帝和贵妃吃上全天下最新鲜的荔枝。从史料上记载的陆路和水路地图来推测，当时的命官指派大量的劳工将岭南的荔枝树连根拔起,先运到福建泉州港,再海运至杭州,然后途经大运河抵达长安城。

为了确保荔枝树不会因颠簸而折损,船工必须一路上细心照料。在驶入长安靠岸后,须由马车将荔枝树运到宫门前,再将树上的荔枝小心翼翼地采摘下来,马不停蹄地送进皇宫,这时,皇上和贵妃才能品尝到最为新鲜可口的荔枝。

后来唐代的诗人杜牧,为此写下了著名的诗句:

长安回望绣成堆,山顶千门次第开。

一骑红尘妃子笑,无人知是荔枝来。

杨贵妃在华清宫里品尝荔枝时那个美滋滋的样子,在唐玄宗的眼里更是"回眸一笑百媚生,六宫粉黛无颜色"(出自唐朝诗人白居易的《长恨歌》)了。西周时周幽王为博得宠妃褒姒一笑,悬赏千金,末了点燃烽火,戏弄诸侯,导致国破家亡。如今好一个"妃子笑",预示着大唐日趋衰落,好景不长了。

杨贵妃的裙带关系,应验了"一人得道,鸡犬升天"这句老话。她的三个姐姐都被封为国夫人(唐朝时期,皇后和妃子的母亲、姐妹、亲眷可以封为国夫人)。她的堂兄杨国忠当了宰相。从此杨家满门富贵,权倾朝野。

唐玄宗时期专门设有一个职位,叫作"花鸟使",负责到民间去搜罗美女,不管她是否谈婚论嫁,只要被看上了就没得跑,以此来充实后宫的美艳佳丽。

自从杨贵妃进宫以后,唐玄宗整天魂不守舍的,一刻也离不开她。可整天和杨贵妃待在一起,他也有腻烦的时候,于是就偷

隋唐故事

一六五

偷跑到后宫去召幸其他美人。杨贵妃得知后醋意大发，与玄宗大吵大闹。玄宗觉得很没面子，心想，你不过是一个宠妃而已，竟然管起了朕，简直乱了王法，成何体统？于是，恼羞成怒地下了"撵回去"的驱逐令。杨贵妃就这样被撵回了娘家。

可是还不到半天工夫，玄宗就跟丢了魂儿似的，心里头空落落的。他想把杨贵妃接回宫来，可又不好朝令夕改，正在宫里六神无主时，被善于察言观色的高力士看在眼里，马上向玄宗建议："陛下，要不要把贵妃房里的一些细软送去给她用？"玄宗正找不着台阶下呢，一听连连说："好啊，好主意！"接着把自己正在吃的御膳拨出一份，派人连同细软一起送了去，以表示和好。到了晚上，玄宗思念心切，却仍不见贵妃娘娘回宫，就赶忙派几个禁军趁着夜色，悄无声息地将贵妃从杨家接了回来。打这以后，玄宗对贵妃更是宠爱有加、百般顺从。

后来爆发了安史之乱，唐玄宗带着杨贵妃从长安逃离，一路辗转来到了马嵬坡（今陕西省兴平市西；嵬 wéi）。此时六军将士对杨国忠一味弄权已经忍无可忍，终于发动了兵变，诛杀了奸臣杨国忠及其杨氏家族之人。这些被激怒的将士，紧接着来到唐玄宗下榻的地方，共同声讨杨氏家族的罪状，强烈要求将误国误民的杨贵妃赐死。百般无奈的唐玄宗迫于众将的压力，只得答应赐死杨贵妃。被逼无奈的杨贵妃欲哭无泪，最后在佛堂前自缢身亡，年仅三十八岁。

第二十八章 鉴真东渡

盛唐时期，经济空前繁荣，人民生活安定，文化和科技都取得了很大成就，同时也影响了周边国家。当时的日本经常派出使臣、留学生、僧人和商人等，陆续到中国学习、访问和通商。由日本朝廷派遣来的这些人，被称为"遣唐使"。

公元733年四月，第十次遣唐使团从日本的难波港出发，经历了四个月的海上航行，于当年秋天来到了长安。此时长安正在闹饥荒，唐玄宗忙于到东都洛阳避灾，没能如期接见日本使团。直到第二年四月，使团才前往洛阳，其中有两个年轻的日本和尚，一个叫荣叡，一个叫普照。他们来中国除了学习佛法，还有一项重要的任务：邀请中国的高僧到日本去讲学和授戒。

荣叡、普照边学习边寻访名师，几年来拜访了数位声望很高的律学大师，并向他们一再表露，想邀请他们去日本弘扬佛法，但是没有一个人愿意远渡重洋去冒这个险。

当时有个高僧叫鉴真。公元688年，鉴真生于扬州江阳县，十四岁时进入扬州大云寺出家为僧。为了学习佛法，他曾在长安、洛阳两地游学，拜高僧为师。经过多年的刻苦努力，鉴真年纪轻轻就在佛法上有了很深的造诣，曾担任扬州大明寺住持，在淮南等地享有崇高的威望。据史料记载，鉴真从二十六岁就开始讲授戒律，他的弟子多达四万余人，其中名震一方的弟子就有三十五人。

鉴真和尚虚心好学，诲人不倦。除了认真钻研佛法以外，还跟随当时著名的建筑家道岸法师学习建筑学知识。道岸法师曾经成功地主持修建了长安的荐福寺和小雁塔。

鉴真和尚还在长安从弘景法师那里受具足戒，并跟随精通医学的弘景法师学习医药知识。佛教的戒律，与十戒相比，戒品具足，所以称"具足戒"，其中比丘的具足戒有二百五十条，比丘尼的具足戒有三百四十八条。此外，鉴真非常热心于社会活动，主持建寺达八十余所，救济了很多贫民，并亲自给患病的穷人治疗。如此一来，鉴真和尚的名声远扬，不仅享誉大江南北，在日本也享有很高的声望。

公元742年，荣叡、普照在长安不知不觉已生活了十个年头。他们听说扬州大明寺的鉴真和尚德高望重，学问高深，就准备南下扬州，共同邀请鉴真东渡日本。

二人到了扬州大明寺，拜见了鉴真大师，荣叡说道："佛法传入日本已经一百八十多年了,只因没有传戒师来日本,所以本地学佛的弟子们至今还不能正式受戒,这实在是一个天大的遗憾。如今日本佛法大兴,举国上下的佛门弟子都热切盼望传戒大师亲临日本弘扬佛法,整顿戒律。"

鉴真沉思了片刻,对在座的弟子们说:"日本急需佛法布律的传戒师,你们有谁愿意去传法?"

屋内一片沉寂。众弟子一想起那遥远的东瀛,都认为"远涉大洋,百无一至",于是面面相觑,不愿前往,无一人表态。

荣叡、普照一看没人吭声,急得心都提到了嗓子眼儿,一时半会儿不知说什么好。

这时,一个叫祥彦的弟子吞吞吐吐地说:"弟子听说日本是一个非常遥远的国家,况且……海上风浪莫测,路途凶险,一旦遇上海难,吉凶难辨,所以……"

还没听完,鉴真就打断了他,坚定地说:"为了传授佛法,比丘们应做到无我,怎能顾惜自己的生命?如都不愿去,那就让我去吧!"鉴真下定决心,应邀赴日本弘扬佛法。

弟子们一听,备受感动,同时又深感惭愧。在鉴真的带动下,当即就有二十多人表示要跟鉴真大师同行。接下来众人齐动手,开始造船备粮,准备第二年开春后启程。此后,鉴真为东渡日本做出了不懈努力,先后有过多次东渡日本的经历,但因为远渡重洋,受到海上自然环境和船只条件的限制,都没能成功。

公元748年,鉴真再次准备船只和物品,打算第五次东渡。这时他已经步入花甲之年,可东渡的决心丝毫没有动摇。这次随他同行的有日本僧人荣叡、普照，以及他的弟子祥彦等。

一行人刚出海，正巧赶上了西南风，顺风行船走得又快又稳当。可是没过多久，突然变了天，乌云滚滚，海面上刮起了大风，狂风席卷着海水，掀起了一层层巨浪。他们乘坐的那只木船，在风浪中不断地上下颠簸，船上的人一个个东倒西歪，有的使劲抱住船舱的柱子以防摔倒，有的因为晕船呕吐不止。这艘木船被海浪重重地拍打着，摇摇晃晃颠簸了一天又一天，随时都有葬入海底的危险。

就这样，在海上漂荡了十四天后，他们才发现往南漂到了海南岛。在热带季风的影响下，日本僧人荣叡和弟子祥彦罹患暑疾，相继去世。在辗转返回扬州的途中，鉴真也因长途跋涉内火攻心，加上南方天气湿热，瘴气侵袭，染上了疾病，视力急剧减退。由于没有条件及时治疗，最终双目失明。第五次东渡又失败了。

鉴真尽管患上了眼疾，但他始终没有改变初衷。752年，日本第十一次遣唐使团到了中国。遣唐大使听说了鉴真五次东渡的经过，对鉴真极为敬佩。当他第二年十月回国的时候，专程到扬州拜访鉴真，并且邀请他一同前往日本。

这时的鉴真已经六十六岁了，为了弘扬佛法，他去日本的决心仍然没有改变。公元753年十一月，鉴真和他的弟子等一行人，随日本遣唐使启航，第六次踏上了东渡的航程，于次年到达了日本，终于实现了东渡弘法的理想。

日本天皇一听说鉴真等人顺利到达的消息，立刻下令将鉴真一行人接到日本的都城——平城京（今日本奈良市），把他们安

隋唐故事

置在最大的佛寺——东大寺里。接着天皇又颁布诏令，尊奉鉴真为"传灯大法师"，将授戒、传法给日本佛教徒的两项重任托付给了鉴真。除了弘传佛法与授戒，鉴真还把当时先进的唐朝文化介绍给了日本人民，跟随他到日本的队伍中，人才济济，各有所长。他们把建筑、雕塑、绘画、音乐、书法、纺织、医药等方面的知识传授给了日本，为中文化交流做出了很大贡献。

鉴真一专多能，有着深厚的建筑学知识。他在日本亲自规划和建造的唐招提寺，结构精巧，气势雄伟。那坡形的硕大屋顶，一根根耸立的圆柱，以及高高的钟楼和鼓楼，完美地体现了我国唐朝建筑恢宏大气的审美风格，至今仍被视为日本的国宝。

公元763年，鉴真预感自己快要离开人世了，就让人扶着他，在夕阳的余晖下，面朝大唐，两腿双盘，静心闭目地打起了坐。不一会儿，他就停止了呼吸。鉴真大师圆寂的消息传出以后，日本人民感到十分悲痛，很多人默默地手捧鲜花来到唐招提寺，怀着敬仰之心，静静地吊唁这位来自唐朝的大师。

如今，一千二百多年过去了，鉴真大师弘扬佛法与传播中国文化的事迹，一直受到人们的怀念和赞誉。

第二十九章 "诗仙"李白

诗歌，在唐朝已经达到了鼎盛时期。尽管随着盛世的终结，而作为诗歌的黄金时代，仍然保持了二百多年的巅峰。

李白（701年—762年），字太白，号青莲居士，是唐朝著名诗人之一。生活在盛唐时期的李白，充满了对祖国山河的热爱，他游遍了大江南北，创作出了大量赞美名山大川的壮丽诗篇。他的诗豪迈奔放，气贯长虹，想象丰富，意境奇妙，形成了语言轻快、清新飘逸的独特风格，具有强烈的艺术感染力。

诗如其人，李白的诗歌从形象塑造、题材选取到体裁应用，驾驭文字的能力不愧是巧夺天工，运用自如，具有典型的浪漫主义艺术特征，对后世的文学创作和发展产生了深远的影响，被后人誉为"诗仙"。

相传李白的母亲在生他时，梦见了天上的太白金星，才给他起了这个名字。李白祖上的原籍是陇西成纪（今甘肃省秦安县），隋末其先人流寓碎叶（唐朝时属安西都护府，在今吉尔吉斯斯坦北部托克马克附近），李白幼年时随父迁居绵州昌隆（今四川省江油市），从小受到良好的教育，有着豪放不羁的天性和乐观向上的精神。十多岁的时候，他已能出口成章，吟诗作文。此外，他还擅长弹琴歌唱，骑马击剑。他决心效力国家，干出一番轰轰烈烈的事业。为了增长见识，他年纪轻轻就辞别了父母，准备游历天下，结交名士，并盼望有朝一日能得到朝廷任用，以施展自己的才干，辅助皇上，报效国家。

李白先后游历了长江中下游的许多地方，如洛阳、金陵、江都等城市，还到过洞庭、庐山、会稽等名山圣地，结识了不少当时的名士，写下了很多动人的诗篇。在他三十岁左右的时候，来到了京城长安。

李白在长安拜访了一些达官名士，希望通过他们的举荐，能得到朝廷的重用。没想到这些人见了李白，没聊几句，心里就打起了鼓：这是什么人？出口成章，这么有才。他要是来了，哪儿还有我们什么事儿？心里一盘算，都十分忌惮李白的才气，于是哼哼唧唧，借口还有事务在身，敷衍一番就把他打发走了。

李白受到了种种冷遇，心想：唉，朝中无人难做官哪！只好闷闷不乐地离开了长安，继续去各地游学。随着眼界的开阔，他的见识越来越广，为此，名篇佳作层出不穷。

随着李白的诗作越来越多,他的名声也越来越大,在他四十二岁那年,朝廷下了诏书,召他到长安来。李白再赴长安,去朝见唐玄宗。唐玄宗喜出望外,摆宴席款待,询问他诗文创作的情况,又让他谈了一些对朝政的看法。李白胸有成竹,侃侃而谈。唐玄宗很欣赏李白的学识,就让他先任职翰林院,封他为翰林供奉(文官职,与集贤殿书院学士分掌制诏书敕)。

面对这个没有实权的官位,李白无法实现参与朝政、治理国家的理想。当时朝廷的大权都把持在奸臣李林甫和太监高力士等人手里,李白对他们心生厌恶,从来都不屑一顾,更不可能去巴结他们。这下倒好,他留也不是,走也不是,弄得他心烦意乱。

有一天,李白郁郁寡欢地来到酒楼喝酒。酒过三巡,正有些醉意时,忽听太监传旨让他进宫。李白的酒瘾刚上来,有些不耐烦地问:"什么事情这么急呀?"太监忙着解释,见李白一动不动,急得额头上直冒汗。

原来,唐玄宗同杨贵妃在宫中的沉香亭里观赏牡丹花,一时兴起,叫乐工作了首曲子,正想配上一首好词,就想起了李白,为此急不可耐地宣他进宫。李白听了,淡淡一笑,满不在乎地说:"几首词算什么!不用急,等我喝完酒再去!"

"不行不行!皇上和贵妃娘娘已经等候半天了!"几个太监快急疯了。

"皇上?娘娘?不知道我李白是酒中仙人吗?我的酒——还没喝够呢!着什么急啊?"李白醉意蒙眬地刚说完,就睁不开眼了。

太监们一看,跟醉汉哪里还说得清?但无论如何也不能误了公事。于是不由分说，一边一个，架起李白就往外走。还没上车，李白就睡着了。来到沉香亭，李白酒还没醒。唐玄宗见了李白这副模样，马上让人给李白喝了醒酒汤，扶他躺在榻上。这时，李白差不多酒醒了，他见高力士站在身边，想起他平时作威作福的样子，酒一下子就全醒了，眯着眼扫了他一眼，寻思要借机好好灭灭他的淫威。

李白仍装作醉醺醺的样子，突然把脚朝高力士一伸，大声喊道："脱靴！"高力士一听，差点儿没气晕过去，正要发火，只见皇帝朝自己一努嘴，示意他照办。他只好咬着牙，忍气吞声地替李白脱下了靴子。李白起身准备向唐玄宗行礼请罪，玄宗手一扬："爱卿免礼，朕与贵妃娘娘念你才高八斗，指望你写出三首《清平调》的新词来。"李白刚捉弄完高力士，感到浑身痛快，于是欣然提笔，稍加思索，接着一气呵成。

李白在其中的一首歌词里写道："一枝红艳露凝香，云雨巫山枉断肠。借问汉宫谁得似，可怜飞燕倚新妆。"

歌词大意是：杨贵妃如同一枝带露牡丹，艳丽凝香；楚王神女巫山相会，枉然悲伤断肠。请问汉宫得宠的妃嫔，谁能和她一样？即便是可爱无比的赵飞燕，也要依仗新妆！唐玄宗一看，果然是文辞秀丽，把贵妃烘托得国色天香。为此，对李白更加钦佩了。

不过以高力士为首的一帮奸佞权臣却恨死了李白。他们造谣诽谤，捕风捉影，开始无中生有地在鸡蛋里挑骨头。没两天，高力士就在背地里对杨贵妃说："娘娘身为贵妃，李白竟敢把您比作汉代舞女赵飞燕，居心何在呀？"杨贵妃经不住挑唆，就在唐

隋唐故事

一七七

玄宗耳边说了同样的话。唐玄宗见了贵妃就没脾气，又有高力士敲边鼓，自然就听信了他们的鬼话，渐渐疏远了李白。

李白认为凭借自己的才能，可以坦荡地"出则以平交王侯，遁则以俯视巢许"（选自《冬夜于随州紫阳先生餐霞楼送烟子元演隐仙城山序》；巢许是巢父和许由的并称，上古传说中的隐逸之士），这两句的意思是：出入官场和那些王公贵族交往从不卑躬屈膝，也绝不屈己求荣，遵守规矩就像巢父和许由那样高洁。这种平交王侯，蔑视古代等级制度的思想观念，既体现在他的弃官行动上，也显现在他的众多诗赋中。

对那些德不配位而靠门第世袭尽享高官厚禄的权贵，他从来不屑一顾。而对那些热衷于玩弄权术、极尽阿谀奉承、嫉贤妒能、打击忠良的宦官，他更是投以强烈的鄙视。为此，他在常态化的宫斗官场里，显现出傲岸不屈的性格。

由于奸佞当道，朝政腐败不堪，倍受排挤的李白根本就没有机会辅佐皇帝，哪里还谈得上报效国家？于是决定离开皇宫，毅然辞去了官职。

现实的黑暗使他理想幻灭，严格的等级制度束缚更使他窒息，于是，他采取狂放不羁的生活方式来挣脱桎梏，以云游四海来争取个性的自由和解放。"五岳寻仙不辞远，一生好入名山游"（选自《庐山谣寄卢侍御虚舟》），表现了诗人桀骜不驯的性格和挣脱羁绊的强烈愿望。

他在《梦游天姥吟留别》一诗的最后写下了"安能摧眉折腰事权贵，使我不得开心颜"这一千古名句，彰显出蔑视权贵的豪迈气概。他以梦游为题,抒发了对光明、自由的渴求,鞭挞了黑暗的现实社会,体现了不卑不亢的叛逆精神。

在李白的众多诗作中,流传最广的名篇之一,要数《早发白帝城》这篇佳作。全诗把顺水行舟,畅游长江三峡时的愉悦心情与壮丽巍峨的两岸青山交织在一起。当小船在湍急的江面上飞流直下,穿梭在两侧重岩叠嶂的山涧中时,他激情盎然地写下了那首脍炙人口的诗篇:

朝辞白帝彩云间,千里江陵一日还。

两岸猿声啼不住,轻舟已过万重山。

李白的诗具有"笔落惊风雨,诗成泣鬼神"(选自杜甫《寄李十二白十二韵》)的艺术魅力,大多以描写山水景物来抒发内心情感,这成为他诗歌中最鲜明的艺术特色。难能可贵的是,他时常在诗句中抒发出来的强烈感情色彩,往往具有一种排山倒海、一泻千里的磅礴气势。

第三十章 "诗圣"杜甫

杜甫(712年—770年),字子美,祖籍襄阳(今属湖北省),生于河南巩县(今河南省巩义市)。他的诗被称为"诗史",他是唐代伟大的现实主义诗人。杜甫与李白并称"李杜",为了跟另外两位唐代诗人李商隐与杜牧(即"小李杜")区别开来,人们将他们称为"大李杜"。

杜甫出身于文学世家,他的祖父杜审言也是一位杰出的诗人。杜甫从小读书非常用功,长大后在游历名山大川的过程中,写下了不少杰出的诗歌。比如登泰山时写下了名篇《望岳》,其中"会当凌绝顶,一览众山小",成为千古传诵的名句。青年时期的杜甫,曾游历过江苏、浙江、河北、山东一带。公元744年,杜甫在洛阳与李白相遇,尽管比李白小十二岁,两人却一见如故,结下了深厚的友谊。

天宝四载(745年),杜甫在东鲁与李白重逢,两人开怀畅饮,共叙友情,其间赋诗吟诵,更是他们的共同志趣。小酌三杯后,二人诗意正浓,为此互赠了诗篇。杜甫赠给李白的诗里写道:"余亦东蒙客,怜君如弟兄。醉眠秋共被,携手日同行。"表达了二人亲如弟兄的情谊。

李白见了心生欢喜,在赠给杜甫的诗中写道:"秋波落泗水,海色明徂徕(cú lái,山名,今山东省泰安市东南)。飞蓬各自远,且尽手中杯!"这次愉快的小聚之后,两人天各一方,再也没有见过面。

唐玄宗天宝五载(746年),杜甫来到长安,第二年他参加了由唐玄宗下诏的应试,当时奸臣李林甫嫉贤妒能,害怕有才干的人进入仕途,妨碍他弄权营私,于是从中作梗,勾结考官,欺骗玄宗说:"这次应考的人考得很糟,没有一个够录取资格,这说明皇帝圣明,天下才子都已得到任用,民间再没有遗留的贤才了。"玄宗听了直乐呵:既然天下贤才已用尽,那就干脆省点儿心,让他们干去吧,自己有那工夫,干吗不好好陪着贵妃娘娘玩儿呢?

杜甫落第以后,从此进取无门,生活更加困苦。后来,唐玄宗要举行祭祀大典,杜甫抓住这个机会,写了《三大礼赋》,有人把它推荐给了玄宗,得到了玄宗的赏识,但玄宗只让他在监督院门下省(主要负责纠核朝臣奏章)做了一个微不足道的小官。仕途的失意与生活的艰难,磨砺了杜甫,使他逐渐看清了统治者骄奢淫逸、腐朽没落的本质。他开始把视线转向劳苦大众,对百姓的疾苦寄予了深切的同情，逐渐成为一位忧国忧民、为社会不公而奋起呐喊的诗人。

中年后的杜甫，遭遇了安史之乱的动荡与贫困的折磨。当杜甫回家省亲，刚刚进门就听到一阵哭号，原来是他的小儿子竟然被活活饿死了，这使他悲痛欲绝。他在《自京赴奉先县咏怀五百字》的长诗中写道"朱门酒肉臭，路有冻死骨"，之后又悲愤地呼号"入门闻号咷，幼子饥已卒"，正是对残酷现实的血泪控诉。

为了养育膝下的几个孩子，杜甫的妻子杨氏依然对杜甫不离不弃，无怨无悔。她多年来默默地付出，使杜甫倍受感动，由于心中愧疚难抑，无奈中发出了"所愧为人父，无食致夭折"的凄楚心声。面对儿子夭折，他疚愧难当，深感悲痛。

公元756年，当安史之乱闹得最凶的时候，长安彻底沦陷，周边一带的百姓纷纷逃难。杜甫听到唐肃宗在灵武（今宁夏回族自治区）即位的消息，就离开家乡只身北上投奔肃宗，哪承想在半路上被叛军抓住，押到沦陷后的长安，他目睹了叛军杀戮洗劫的暴行。

公元757年四月，他冒险逃到肃宗临时的驻地凤翔（今陕西省宝鸡市凤翔县），唐肃宗见他一片忠心，就任命他为左拾遗（字面意思是捡起皇帝遗漏的政策，是谏官的一种）。由于奸臣当道，任职不到一个月，他因为替一个被罢免的宰相说了几句公道话，就被撤了职。公元758年六月，外贬为华州（今陕西省渭南市华洲区）司功参军，成为一个无足轻重的小官。

杜甫失意地来到华州。那时候，长安、洛阳虽然被官军收复了,但是安史叛军还没有被平定,战火仍在继续。官军开始到处抓壮丁来补充军力。有一天,杜甫经过石壕村(今河南省三门峡市陕州区东南)时,天已经黑了,他就到一户住着一对老夫妻的穷苦人家去借宿。半夜里,忽然响起一阵急促的敲门声。杜甫在里侧的小厢房里忙起身,透过门缝观察动静,只见隔壁老翁匆匆地翻过后墙逃走了,老婆婆颤悠悠地打开门,随后闯进来一群人,原来是官府派来抓壮丁的差役,他们见了老婆婆就厉声吆喝着:"你家里的男人到哪里去了?"老婆婆哭着说:"我的三个孩子都被抓去打仗了,你们还要抓什么人?"

差役见她家没有男人可抓,居然把老婆婆抓了去,命她到军营做苦役。等到天蒙蒙亮了,杜甫准备离开那家的时候,才看见昨夜逃走的老翁满面愁容、步履蹒跚地回来了。

杜甫目睹了这一凄惨的情景,在暗自的悲愤中,把这挥之不去、历历在目的情境写成了诗歌,名为《石壕吏》。

这时期的杜甫,对现实有了更为清醒的认识,先后写出了《悲陈陶》《春望》《北征》《羌村》以及"三吏""三别"等传世名作。其中"三吏"中的《石壕吏》一诗,正是反映了唐朝的黄金岁月已经终结,成为沦陷在烽火连天中的乱世缩影:

暮投石壕村,有吏夜捉人。

老翁逾墙走,老妇出门看。

吏呼一何怒,妇啼一何苦!

……

公元759年,关辅(今陕西关中地区)出现了大饥荒,杜甫对朝政更加感到无望，立秋后辞了官，经秦州、同谷，于年底到达成都。公元760年至770年这十一年，杜甫在蜀中八年，荆、湘三年。到成都后不久，在性格豪爽的大臣严武等人的帮助下，在城西浣花溪畔（浣huàn），建立了一座草堂，世称"杜甫草堂"。

几年来，在草堂的隐居生活中，杜甫著有"城中十万户，此地两三家""舍南舍北皆春水，但见群鸥日日来"这些清新自然的名句。那首《茅屋为秋风所破歌》更是脍炙人口、千古绝唱。在此期间杜甫创作并流传下来的二百多首诗歌，大部分是杜诗中的杰作，达到了极高的艺术境界。

杜甫在成都被严武荐为节度参谋、检校工部员外郎。公元765年，严武病逝，杜甫失去了这位挚友的相助，举家离开了成都，迁往夔州（今重庆市奉节县；夔kuí）。公元768年，杜甫离开夔州辗转江陵、公安，于年底到达岳阳。在他生活的最后两年里，风雨飘摇，居无定所，时常漂泊于岳阳、长沙、衡州、耒阳之间，大多在船上度过。公元770年冬，杜甫在长沙驶往岳阳的一只小船中病逝，享年五十九岁。

现存的一千四百多首杜甫的诗作，深刻地反映了唐代安史之乱前后二十多年的社会缩影，如实记载了诗人坎坷的人生经历。他的诗揭露了权贵们荒淫无道、奢侈淫逸的腐败本质，字里行间充满了心底的呐喊与愤怒的抗争；面对无以为生、朝不保夕的百姓遭遇，寄予了深切的同情与悲怆的呼号。他将残酷的现实社会与个人的生活经历紧密结合，使诗歌达到了思想内容与艺术形式的完美统一。

隋唐故事

一八五

大多数学者认为，杜甫诗歌的风格沉郁顿挫，感情真挚；语言精练，描写深刻；细腻感人，形象鲜明。唐代的大文学家韩愈曾把杜甫与李白相提并论："李杜文章在，光焰万丈长。"

杜甫在《江上值水如海势聊短述》一诗的开头写道"为人性僻耽佳句，语不惊人死不休"，这正是他的创作风格。他那悲悯愤世的诗句中所展现出的豪逸之气，又与《离骚》相近。也有学者认为，杜诗具有仁政思想的传统精神，更具有人道主义精神。

杜甫创作的诗歌作品，代表了唐代诗歌所取得的成就，后人不但敬仰他的诗作，还尊称他为"诗圣"。

第三十一章 安史之乱

安史之乱是唐玄宗末年至唐代宗初年这一时期由唐朝将领安禄山与史思明背叛唐朝后发动的叛乱，是一场争夺唐朝统治权的内战。由于发动叛乱的是以这二人为主，所以称为"安史之乱"。这场席卷半壁江山的战火，使唐朝从早期鼎盛的黄金时代逐渐坠入衰败的深渊。

唐玄宗后期，口蜜腹剑的宰相李林甫把持朝政长达十九年。他在这期间培植党羽，干尽了排斥异己、陷害忠良的恶行。后来上台的贵妃兄长杨国忠，更是一个妒贤忌能、骄纵跋扈、不可一世的奸臣。他与安禄山之间争权夺利，成为安史之乱的导火索。

李林甫出任宰相时，为巩固自身权位，取消

了绝大多数汉族将领在边镇任节度使的职权，谎称胡人英勇善战，不存二心，建议玄宗用胡人为节度使。安禄山是个胡人，年轻时投靠幽州（今北京市）节度使张守珪，并被张守珪收为干儿子。安禄山不但作战有一套本事，更善于在官场上溜须拍马和玩弄权术，如此一来，官升得不快都不行。

有一年，御史中丞（是古代御史台的高官，仅次于御史大夫）张利贞去河北视察，安禄山一看是皇上身边的大臣来了，点头哈腰地拼命讨好，先是前簇后拥着为他鸣锣开道，随后又大摆筵席，告别时再送上金银珠宝、绫罗绸缎。张利贞在返程路上满心欢喜，暗暗庆幸：自己出来溜达一趟，神不知鬼不觉地就白白得了这么多大礼，真是不虚此行啊！回朝后对玄宗盛赞安禄山，夸他既效忠皇上，又很有才干。玄宗一听，就将安禄山提升为平卢节度使。

善于察言观色的安禄山，一见唐玄宗对杨贵妃娇宠得没边儿，就抓住这个机会，拼命来讨好皇上和贵妃，见了面就心悦诚服地一跪不起，非要做杨贵妃的干儿子不可。唐玄宗一想，多一个保护娘娘的武将，一定是上天赐予的好事，于是就眉开眼笑地答应了。

当晚，为了庆祝杨贵妃收了一个干儿子，玄宗大摆宴席。席间，安禄山继续讨好说："我是胡人，会跳胡旋舞，今日大喜，微臣愿给圣上圣母献艺表演。"说着就从桌子旁转着身子舞到大厅中央。众人只见一个大肚皮在宴会厅中飞速旋转着，衣襟也随着飞舞起来，令人眼花缭乱。就这么绕场飞转了一周才停下来。玄宗和贵妃见了连声叫好。玄宗指着他的大肚子打趣地问："你肚子这么大，里面装的是什么呀？"

安禄山随口答道："回禀陛下，没有别的，微臣装的只是一颗赤胆忠心。"玄宗和贵妃一听，乐得合不拢嘴，浑身都舒坦。

唐玄宗见干儿子对他忠心耿耿，心里高兴极了。没多久就封他为郡王，还在长安为他建造了一座富丽堂皇的府第，并让他享有在内宫随便进出的特权，亲热得好像一家人。

安禄山毫不费力地赢得了唐玄宗的信任，坐拥范阳（今北京城西南）、平卢（今辽宁省朝阳市）两镇节度使外，又兼任河东（今山西省西南部）节度使，控制了北方边境的大部分地区。他私下里不断扩充兵力，提拔了史思明、蔡希德等一批猛将，接着囤积粮草，磨砺兵器。此时，身兼三大边镇统帅，独掌约十八万精兵的安禄山，已经完全具备了武装叛变的实力，只等着唐玄宗一死，就准备伺机叛乱。

公元754年，安禄山奉命进入长安，玄宗看他能征善战，把他当成了自己的禁卫军，心想有了禁卫军还怕什么，于是终日高枕无忧。倒是高力士觉得情况有些不妙，私下劝玄宗："边将胡人安禄山拥兵太重，陛下怎样才能控制住他呢？臣深感危机四伏，唯恐一旦兵变，后果不堪设想，陛下万不可掉以轻心啊。"

玄宗一听，高力士数落的是自己的干儿子，不耐烦地摆了摆手，说："朕心中有数，不必多言。"高力士一看劝不进去，只好又接着说另一头："自从陛下授予杨国忠宰相高位，此人有恃无恐，为所欲为。朝廷从此赏罚不分，阴阳失衡，臣又怎么敢多言呢？"不料玄宗两头都听不进去，这边对干儿子信任有加，那边由杨国忠随心所欲，精明的高力士算是白费了一番口舌。

故事里的中国历史

一九〇

安禄山从来就瞧不起靠着裙带关系爬上来的宰相杨国忠，杨国忠更看不上动不动就认干娘的安禄山，两人简直就是一对天生的冤家。为此，杨国忠没少在唐玄宗面前说安禄山的坏话，咬定他总有一天会谋反。玄宗心想，可这是贵妃娘娘的干儿子，一向对朝廷忠心耿耿，怎么会谋反呢？唐玄宗打心眼儿里不相信。安禄山同时接到探子的密报，说杨国忠总是在皇帝面前诽谤他要造反，他心想，万一哪天皇帝信以为真，那可就麻烦了，必须得提防着点儿。

公元755年，杨国忠见皇上总是不信自己的话，就采取了"逼反"的手段，派皇家卫队包围了安禄山在长安的住地，抓捕了安禄山的宾客，全部以谋反罪处死。安禄山在震怒中突然醒悟过来：这不是成心逼我造反吗？即便向皇帝状告杨国忠也是白搭，诉状肯定迈不过这个奸相的关卡，到时候自己有口难辩，只能等着挨宰。于是，他决定提前发动叛乱。

安禄山主意已定，率领大军从范阳出发，一路南下，势如破竹，很快渡过黄河，直逼东都洛阳。洛阳士兵很久没打仗了，早已懒散成性，哪里是安禄山麾下虎狼之师的对手？不消说，洛阳一下子就被攻陷了。安禄山本想继续进攻潼关（今陕西省渭南市潼关县北），但听说大将郭子仪率军在河北连打了几个胜仗，安禄山一时不敢轻举妄动，索性待在洛阳皇宫里，先过过皇帝瘾再说。于是公元756年，安禄山在洛阳自称雄武皇帝，国号"燕"。

郭子仪在河北打败了叛军史思明部下，正准备直捣安禄山的老巢范阳。这时，毫无作战经验的唐玄宗求胜心切，一再轻敌并指挥失误，导致叛军攻入潼关，直逼长安。唐玄宗只好带着贵妃娘娘仓皇逃离了长安。

叛军攻下洛阳和长安后，觉得天下终于到手了，不由得个个骄傲自满起来。君臣间开始互相猜忌，争权夺利。靠着反叛起家的安禄山，一路杀红了眼，不料因心火上攻而双目失明，为此脾气变得十分暴躁，不过唯独对自己的小儿子特别宠爱。太子安庆绪见了受不了，妒忌得要死，他为了防止老爹把小儿子换成太子，就起了杀心，将当了一年皇上的老爹给杀死了。

这个欲夺皇位的弑父太子，也没能活太久，公元759年初，叛军中最有实力的史思明使了个计谋，骗他到大营里来共谋开国大业。这个太子满脑子都想做皇帝，还以为史思明是找他商量登基大典呢，结果自投罗网，当场就送了命。史思明弑主称帝，登上了大燕的皇帝宝座。

史思明当上了皇帝后，脾气也更加暴躁了，因为时常对属下起疑心，动不动就杀人，吓得人人不能自保，只好都对他敬而远之，所以不得军心。他见大儿子史朝义跟将士们有说有笑得，一团和气，反倒十分忌惮，后悔当初立这个大儿子为太子，如今怎么看他都觉得别扭，于是改了主意，想把这个碍眼的大儿子废掉，而立他一直宠爱的小儿子史朝清为太子。

公元759年春，史朝义军至礓子岭（今河南省三门峡市陕州区东南；礓jiāng），遭到唐军将领卫伯玉的顽强抵抗，史朝义多次进攻，都被卫伯玉打得败下阵来。史思明认为大儿子临阵胆怯，以致多次吃败仗，就对身边将领愤愤地说："史朝义终究不能成就我的大事！"

他打定主意，等战事一结束，就按军法处置，将史朝义和他手下的几位将领统统杀掉，随后再立小儿子为储君，可就省事多了。

转眼到了公元761年，史朝义的两个部将骆悦、蔡文景感到危险来临，纷纷劝他说："自古以来就有废长立幼的事例，如今我们与您都快死到临头了，请早做决断！"史朝义虽然对历来偏向弟弟的老爹早就心怀不满，可怎么也想不到这个亲爹居然到了"虎毒食子"的地步，一时惊得两眼发呆，说不出话来。

骆悦等人急得直跺脚，不由得提高了嗓门儿："假如您不出手的话，我们今天就另择明主，那么您也就完了。刻不容缓，我们出此下策，实在是被逼无奈。"

史朝义内心一直在激烈地斗争，末了总算下了下狠心，但仍忍不住哭着说："还望诸位处理得干净利落，不要惊着我父亲！"

接下来，骆悦等人迅速杀死了史思明，用骆驼运回洛阳。随后，史朝义在洛阳即位称帝，年号"显圣"。为了以防后患，史朝义密令在范阳的散骑常侍张通儒等人，杀掉史朝清和他母亲辛氏及其党羽。一连串的内讧，使得各派势力在幽州城内发生火并，史朝清和张通儒等人先后被杀，前后死亡达数千人，一时血流成河。大乱两个多月后，幽州城已变成了一片废墟。

戴上了皇冠的史朝义，往后的命运会怎样呢？偏偏和弑父称帝的安庆绪没什么两样，末了也没能逃脱为了争夺皇位而死于非命的厄运。

公元762年，叛军内部已经陷入一片混乱，各地的节度使也各自为政,四分五裂,成了一盘散沙。十月,唐朝军队联合回纥(hé,回纥人以游牧为主,主要居于鄂尔浑河和色楞河流域)军队攻入洛阳。

公元763年初,史朝义因多次战败,退到石头城(今河北省唐山市东北)附近温泉栅的树林中,结果被已经降唐的范阳守将李怀仙的追兵找到。史朝义被围困得实在无路可逃,只好在林中自尽。历时八年多的安史之乱,至此结束。

在安史之乱的混战中,老百姓遭到了空前的浩劫,漫延千里的黄河流域经历了战火纷飞的杀戮,那些残存下来的百姓,开始剥树皮、挖草根充饥,时常衣不蔽体,只能用纸张糊成衣服来驱寒挡风,苟且活命。曾经繁荣的北方经济受到了极大的破坏,出现了千里萧条、鸟兽俱散、人烟灭绝的惨境。

第三十二章 固守睢阳

公元755年初冬，东平郡王，掌管范阳、平卢、河东三镇的节度使安禄山，被奸臣杨国忠蓄意围剿，将门下宾客统统杀戮，使安禄山被逼造反，一场长达八年之久的"安史之乱"，使曾经鼎盛的大唐王朝从此走向了衰败。

在起初的战争中，由于唐朝中央军多年懒散成性，战斗力急剧下降，偏又赶上不懂战术的玄宗煞有介事地屡屡使出昏招，致使唐军一败涂地。安禄山的叛军，反而势如破竹，不到半年时间，就攻陷了大唐的陪都洛阳、都城长安，唐玄宗只得携贵妃娘娘仓皇逃往川中。叛军控制了关中、中原等地之后，继续挥师南下，向唐王朝的经济命脉——物产富饶的江南地区发起进攻，大唐王朝命悬一线。

公元756年，长安被安禄山的叛军攻陷，史思明的军队又攻陷了河北的大部分地区。同年十二月，安禄山的部将杨朝宗率兵两万袭击宁陵（今河南省宁陵县），随后准备进攻睢阳（今河南省商丘市；睢suī），大唐先后面临叛军的钳形攻势，形势万分危急。

公元757年，安庆绪杀死安禄山后，派汴州刺史尹子奇统兵三十万进攻睢阳。睢阳太守许远心急如焚，派人给驻守在雍丘（今河南省杞县）的将领张巡送去了告急文书，张巡接到急报后，事不迟疑，马上率领仅有的三千士兵进入睢阳。张巡与许远合兵后也仅有六千八百人，面对强敌，兵力悬殊。

张巡，蒲州河东（今山西省永济市）人，生于唐中宗景龙三年（709年），他从小博览群书，研究过兵法布阵，年轻时就很有志气，不拘小节，喜欢和有志向的人结交，厌恶与世俗小人来往。

玄宗开元末年（741年），张巡中了进士，不久上任清河（今河北省清河县）县令。他在职期间，执政清廉，豪爽重义，处世讲究气节，对有困难前来求助他的人，都尽力相助，毫不吝啬。张巡任期满后，正是杨国忠权倾朝野的时候，他被召回了长安。有朋友劝他投靠杨国忠，一定会被重用，他却毫不犹豫地拒绝了，说："如今假相当道，正是朝廷的怪事，看来贤臣们说得有理，京官轻易不能当啊。"于是被调到真源县（今河南省鹿邑县，老子故乡）接着做县令。

当时真源县辖地有很多土豪劣绅。其中以大吏华南金为首的一户最为猖狂，经常欺压百姓。当地百姓敢怒不敢言，流传有"金南口，明府手"的歌谣。张巡到任不久，就把恶霸华南金绳之以法，为民除掉了这个祸害，受到当地民众的一致拥护。

安史之乱爆发后，张巡就起兵守卫雍丘，抵抗叛军。对大唐王朝来说，一个地方七品芝麻官，有他一个不多，缺他一个不少。正是大唐遭厄的命运，把他推到了抗敌的风口浪尖上。

别看张巡官小，抗击叛贼、血战到底的决心却很大。这天，探子来报，说叛军已经向睢阳挺进，张巡瞅准机会，率先向叛军发动突袭，叛军没有准备，被打了个措手不及，连连后退。张巡此战力挽狂澜，首战告捷，一改唐军败北的颓势，大大鼓舞了城中兵将的士气。

没过几天，叛军又卷土重来，全力攻城。张巡全身披挂，亲自督战。数天激战下来，俘虏叛军将领六十多人，杀死叛军士卒两万多。将士们和城中百姓连连叫好，许远见张巡智勇双全，称赞不已，就让张巡全权指挥。

几个月后，尹子奇得到增援兵力，把睢阳城包围得水泄不通。一天夜里，城头上突然灯火通明，城中摇旗呐喊，鼓声隆隆。叛军一听，心里发慌，以为唐军要出城开战，就马上穿戴整齐，来到城边准备迎战。谁知他们一到城边，只见城门紧闭，城中一下子又偃旗息鼓了，连一个兵马的影子都没见着。

尹子奇在马上望了好一会儿，困得直打哈欠，见城中再无响动，就带着人马无精打采地往营地退去，准备休息。尹子奇万万没想到，子夜刚过，城门就悄悄地打开了，张巡和将军南霁云、郎将雷万春等十多名将领，各率精锐骑兵五十名，手挥大刀突然杀出，直冲叛军营地，一时战马嘶鸣，喊杀声震天动地，搅得睡梦中的敌军方寸大乱，谁也不知道来了多少唐军兵马，慌乱中互相撞击踩踏，损失了不少兵马。

尹子奇气得暴跳如雷，大骂张巡是卑鄙小人，打仗就会使诈。第二天，他忍不住前来报复。张巡一见，只管叫城上士兵一齐射箭，阻挡叛军的进攻。一袋烟的工夫，尹子奇见城上射下来的箭越来越少，心想：莫非他们快没有箭了？

这时，一个士兵跑来，递给他一支用蒿杆做成的箭，尹子奇一打量，扬起箭狂笑道："弟兄们！睢阳已经没有箭了，你们看，只能用蒿杆来代替箭了，还不快给我上，有重赏！"

话音刚落，嗖的一声，城上飞来一支箭，不偏不倚，正中尹子奇的左眼，只听他大叫一声，跌下马来。原来，城上的张巡打算擒贼先擒王，但见城下敌将都身穿同样颜色的战袍，找不到尹子奇的身影，才设了个削蒿为箭的计谋，就等着对方的士兵拾去向尹子奇汇报呢。这边南霁云早就屏住呼吸，藏在城墙的空格后面，一听到"有重赏"的喊声，说时迟那时快，弓开如满月，照着喊话人的脑袋就是一箭，虽未射中要害，尹子奇这辈子却只能用一只眼睛看东西了。

尹子奇气得要发疯，忍着剧痛拔出了射中自己的箭，然后使劲儿捂着左眼败退回营。不久，他又增兵数万人，再次进攻睢阳。这时睢阳城中已经断了粮草，士兵也只剩下一千六百多人，还有不少人身上带伤。张巡又坚守了一个月，情况越来越糟，守城的士兵只剩下六百人，一粒粮食也没有了，大家只能靠吃树皮和纸

隋唐故事

浆维持生命。万分火急中，张巡命令南霁云率领三十名骑兵突围出城，往临淮去求援兵。南霁云突破重重包围，终于见到了临淮守将贺兰进明，请求他出兵解救。贺兰进明不愿冒险，说："现在睢阳城恐怕已经失陷，派援兵去又有什么用呢！"

南霁云坚定地说："我以死来向你担保，睢阳城还没有被攻陷。再说一旦被叛军攻占，下一个就是临淮，这两个城市唇齿相依，您怎么能够见死不救呢！"

尽管南霁云说破了嘴，贺兰进明就是不发兵。南霁云无奈，马上又来到宁陵求援。宁陵城使廉坦一听，二话没说，马上率领三千人马与南霁云突破了叛军的重重包围，尽管损兵折将超过大半，依然冒死来到睢阳城下，城中将士看到只有一千人的援兵进入城门，知道不会再有救兵了，都不禁失声痛哭起来。叛军一看只来了这些援兵，围攻得更加凶猛。

公元757年，张巡在内无粮草、外无援兵的情况下，以区区数千士兵，怀着保家卫国的一片忠诚，自发地死守在睢阳这个江淮屏障十个多月，同尹子奇前后交战四百多次，使叛军损失惨重。最后，守城将士已经失去了战斗力，眼瞧着叛军架起云梯，一个个翻墙而入，只能蜷曲着伤残的身体，靠卧在冰冷的城墙上，再也没有力气去抵抗，睢阳就这样陷落了。张巡、南霁云终因寡不敌众而被俘遇害。

张巡等将士拼死抵抗，成功地遏制了叛军继续南侵，使他们无法东进，从而保障了唐朝江南地区的安全，并让唐军获得了喘息的机会，为大将郭子仪、李光弼等人调集军队、运输物资、收复失地赢得了宝贵时间。

同年年底,长安、洛阳相继得到收复,局势日趋稳定,唐肃宗和朝臣们一致认为,在最后的平叛战争中,镇守睢阳的张巡功劳最大,为此追赠他为邓国公、扬州大都督。

张巡,一介书生县令,做到了临危不惧,率兵坚守,竭尽全力,以致付出了身家性命,最终把大唐王朝从死亡线上拉了回来。

第三十三章 誓死如归

颜杲卿（692年—756年；杲gǎo），字昕，京兆万年（今陕西省西安市）人，祖籍琅玡临沂（今山东省临沂市），出身于鸿儒世家，与大书法家颜真卿是堂兄弟。唐玄宗开元年间，他任范阳户曹参军。他为官清正、性情刚烈、处事果敢，深受百姓拥戴。当时任范阳、平卢、河东三镇节度使的安禄山一心想培植自己的党羽，于是举荐颜杲卿为常山（今河北省正定县）太守。

公元755年十一月，安禄山在幽州起兵反叛，安史之乱爆发。十二月，安禄山攻陷东都洛阳。在这个危急的时刻，颜杲卿怀着一颗忧国忧民的赤诚之心，首先想到叛军很快会侵犯潼关，这将有辱大唐宗庙社稷。为此，颜杲卿率先和他的儿子颜季明严阵以待，镇守常山，一起反击叛军。他的堂弟平原（今山东省平原县）郡太守颜真卿事前就听说安禄山可能会谋反，暗中收养死士（敢死的武士），招抚豪强大族，时刻准备抵御叛军的进攻。

叛军到了藁城（今河北省石家庄市；藁 gǎo）的时候，颜杲卿已经招募了一千多名壮士。面对强敌，他与手下的官员商议对策，说："叛军一路顺风顺水，没有遇到抵抗，如今气焰越来越嚣张；而我们目前缺少兵马，如果仅凭这点人手仓促应战，恐怕是以卵击石，倒不如假意投降，日后再寻找机会反抗。"部下热议一番后都表示赞同。

接下来安禄山不费一兵一卒就得到了常山城，他得意地认为，颜杲卿在反唐大军的威慑下，还算是个识时务的太守，就仍旧让他驻守常山，一想又放心不下，就把颜杲卿的儿子、侄儿带到军营里做人质，另派叛将高邈、李钦凑领兵五千驻守土门关（又称井陉关），一来把住西进要道，二来监视颜杲卿的行动。土门关作为井陉口的门户，是山西、陕西从古驿道通往华北的必经之路，也是个重要的军事要塞。

安禄山攻下洛阳之后，颜杲卿就时刻准备起兵，颜真卿也招募了一万多人马，派人跟颜杲卿联络，建议他先攻占土门关，截断安禄山的后路。当时，李钦凑和他的部下归属于常山郡，颜杲卿趁着高邈前往幽州还没回来，就假借安禄山的命令，派官员请李钦凑到郡里商量事情。755年十二月二十二日傍晚，李钦凑到达郡治所，颜杲卿派人把他安置在下榻的酒馆里以美酒招待。当李钦凑喝得酩酊大醉时，不知不觉就掉了脑袋。

同一天晚上，藁城县尉崔安石报告高邈回到了蒲城（今陕西省渭南市），颜杲卿立即命令参军冯虔、郡人翟万德与崔安石共同除掉高邈。次日清晨，高邈的几个骑兵先到了藁城驿站，崔安石率兵先把这几个随从解决了。不一会儿高邈也到了，崔安石对他说："太守准备了酒筵，正在旅舍中等您呢。"高邈听了很得意，刚离鞍下马，冯虔等人一拥而上把他擒获。同日，叛将何千年从东都洛阳策马来到赵郡，那里早已埋下伏兵，同样也把他捉住了，当天捆绑了这两个叛将押回郡治所。趁着叛军士兵群龙无首，颜杲卿他们很快就占领了土门关。

事不迟疑，颜杲卿马上派他的儿子安平县尉颜泉明以及贾深、张通幽、翟万德，用木盒装上李钦凑的首级，连同两个叛将一起押送至京城。到了太原，节度使王承业一见，心中暗喜，这可是送上门给自己表功的好机会，于是不动声色地留下了颜泉明、贾深等人，一边酒肉款待，一边扣下了颜杲卿的表状，自己重新拟写了一份表章，派人押上那两个叛将，献给了玄宗。玄宗哪知内情，见了李钦凑血淋淋的头颅和两个还活着的叛将，如同去掉了一大块心病，高兴得立即给王承业加官晋爵，提升为大将军。

颜杲卿为了争取各郡绝大多数官兵，统一到平叛的队伍中来，就派人分头到河北各郡去告诉地方官吏，说现在朝廷派出三十万大军讨伐安禄山，很快要到河北各郡了。各郡的官员一衡量利弊，觉得大唐江山毕竟还在呢，照旧可以旱涝保收享官俸，踏实保险又稳当；安禄山他们好歹是叛军，面对三十万唐军围剿，早晚得完蛋，于是纷纷响应颜杲卿，河北二十四个郡，有十七个郡又马上站到了唐军一边。

安禄山正准备向潼关方向进兵，一听说河北各郡纷纷响应颜杲卿这个降将，又气又恼，面对后院起火，只好匆匆赶回洛阳，先称上帝，圆了皇帝梦再说，然后派大将史思明、蔡希德各率领一万人马，北渡黄河，分两路攻打常山。

颜杲卿起兵仅有八天，常山城的防御工事都没来得及修好，兵力又少，怎能抵挡两路叛军？于是派人到太原去求援，太原守将王承业虽假借颜杲卿的功劳升为大将军，可就是不肯出兵。史思明把常山城紧紧围困，日夜攻城不止，颜杲卿和袁履谦等爱国将领与守城军民日夜奋战，打退叛军无数次进攻，守城军民伤亡惨重，常山成了无援的孤城。

史思明一时攻不下城，就以高官厚禄引诱颜杲卿投降，遭到了颜杲卿的怒斥。恼羞成怒的史思明使出了苦肉计，把刀架在颜杲卿的儿子颜季明的脖子上，说："你若不投降，我就杀了你的儿子！"颜杲卿心如刀绞，仍誓死不降。史思明大怒，挥刀杀死了颜季明。颜杲卿悲痛欲绝，含泪继续带领常山军民拼死抵抗了四天，终于寡不敌众，城池被叛军攻陷。史思明纵容叛兵屠杀了一万多常山军民，又把受伤的颜杲卿、袁履谦等押送到洛阳去见安禄山。

安禄山责问颜杲卿，说："你原本只是个范阳小官，还不是我提拔了你才做了太守，你却恩将仇报，还有什么可说的？"

颜杲卿怒骂道："你原来只是一个牧羊倌，是朝廷封你做了

故事里的中国历史

三镇节度使，如今你起兵叛国，又怎么对得起国家？我为国平叛，又有什么错？"

安禄山反驳道："胡说，我是奉旨讨伐杨国忠。"

颜杲卿又问："你自立燕国、自称皇帝也是奉旨吗？"

安禄山被问得恼羞成怒，拍案大叫："少废话！你降不降？"

颜杲卿毫不示弱，大声喝道："我誓不降贼！"

安禄山不死心，说："你若投降，我就封你做官；你若不降，我就杀了你。"

颜杲卿冷冷地回答："我乃大唐命官，怎能与你叛贼为伍？"

安禄山恶狠狠地问："你难道不怕死？"

颜杲卿坦然地答道："我为国而死，名垂千古，你叛国作乱，必将遗臭万年。"

安禄山冷笑一声，命令兵士把颜杲卿和袁履谦押到洛阳天津桥，把他们绑在柱子上，用酷刑折磨他们。颜杲卿神色凛然，依然大声斥责安禄山勾结羯兵、分裂社稷的罪行。最终，颜杲卿和袁履谦被酷刑折磨而死。

颜杲卿从抗敌平叛到被俘，虽然只有短短的十几天，却有力地打击了叛军首领安禄山的嚣张气焰，消耗了叛军的兵力，拖延了叛军对长安的进攻，为唐王朝调兵遣将争取了时间。他们奋勇抵抗的大无畏精神，激励起更多的爱国志士来保家卫国、抗击叛军。这种誓死不屈的精神，永远铭刻在人们心中。

第三十四章 乱世豪杰

安史之乱后,由于朝廷衰弱,西北方陷入了任凭藩镇割据的恶性循环中。内忧外患的局面,让大唐头号外敌——吐蕃高兴坏了。这个发源于青藏高原的强悍民族,趁着唐朝虚弱,联合回纥、吐谷浑等几个部落,组成了一个二十多万人马的混合兵团,向边境发动了潮水般的进攻。

公元765年,回纥、吐蕃联军一直打到长安北边的泾阳(今陕西省泾阳县),长安危在旦夕,唐代宗和朝臣都为之震动,大家一致认为,要打退回纥和吐蕃,非关内副元帅郭子仪莫属。

那时候,郭子仪正在泾阳驻守,手下没有多少兵力。他一面吩咐将士构筑防御工事,一面派探子去侦察敌情。根据侦察到的情况,得知回纥与吐蕃两支大军内部存在裂痕，互相猜疑，谁也不服谁。郭子仪看到两股敌人的力量拧不到一块儿，就决定采取分化敌人的办法来克敌制胜。于是，打算先把回纥将领争取过来。不久，派出的使者向郭子仪汇报，指出回纥人心存疑虑。郭子仪说："既然这样，我就自己走一趟，也许能说动他们共同对付吐蕃。"

不久，郭子仪独自骑着马去走访回纥营，经过一番谈判，终于争取到了回纥首领，达成了共同抗击吐蕃的共识。消息传到了吐蕃营里，吐蕃军见郭子仪与回纥来往，心中不免猜疑，生怕被袭，连夜就撤了兵。郭子仪派部将白元光追击吐蕃军，自己率大军紧跟其后，在灵台西原（今甘肃省平凉市灵台县）大破吐蕃军队，斩首五万敌军，生擒上万俘虏，缴获牛马不计其数。

郭子仪及时挽回了长安城面临的危难，使唐代宗躲过了一劫。可是刚太平了一年，吐蕃与回纥兵又搅在一块儿了，双方兵马逼近邠州（今陕西省彬州市；邠bīn），郭子仪派儿子郭晞（xī）带兵去协助邠州节度使白孝德，加强防守。

郭晞因为父亲的名声在外，自己从前又立下过战功，于是变得傲慢起来。他的兵士纪律松懈，他却从不过问，甚至有人在外面欺负百姓，干了一些缺德事，郭晞也充耳不闻。

邠州地方上的流氓地痞，一看到郭家军的士兵无拘无束，想干什么就干什么，背后又有靠山，简直羡慕得不行，纷纷加入郭家军中。打这以后，这些流氓就和兵士勾结起来，专在街巷里欺行霸市，见什么就抢什么，谁要敢不从，上去就拳打脚踢，百姓经常被打得头破血流。街上的商铺店主们，见到他们就像见了狼，

故事里的中国历史

二一〇

立刻收摊，关门躲避，可时常也难逃一劫。

邠州节度使白孝德为这件事常常揪心，可他自己是郭子仪的老部下，碍于脸面，也不敢去管郭晞这个有权有势的公子哥儿。

郭家军占尽百姓便宜，变得有恃无恐，闹得越来越凶，老百姓苦不堪言，民怨四起，很快传到了泾州刺史段秀实的耳朵里。

段秀实，字成公，生于开元七年（719年），是唐代中期著名将领。他少年时研读经史，青年时又练习武艺，学文习武的他，朴实稳重，性格刚烈。

段秀实一听，感到事态严重，事不迟疑，马上派人查明了情况，来到邠州，求见白孝德，要求当一个都虞候（军内监察官）来管理地方治安。白孝德正求之不得，立即答应了他的请求。

段秀实走马上任，当了监察官，而郭晞手下的兵士，没一个把这个新上任的地方小官放在眼里，照样我行我素，胡作非为。

有一天，郭晞军营里有十几个兵士跟往常一样，大摇大摆地来到街上，窜进了一家刚开张的酒店，要了一桌好酒好菜，饱食一顿之后，一抹嘴就要走人。酒店主人上前要求结账，这帮兵痞不但不给钱，还在推搡中拔出刀来，残忍地将店主刺死了，接着又把店里的酒桶全部打翻，酒水掺着鲜血全流到街上来了。

段秀实得到报告，深感情节恶劣，怒不可遏，立刻派出白孝德属下两队全副武装的兵士，把十几名酗酒行凶的兵痞统统逮住，审讯下来，罪证确凿，段秀实当场振臂一挥，立即就地正法。

这批害人的家伙总算得到了应有的惩罚，城内百姓欢呼雀跃，拍手称快。只有节度使白孝德吓得坐立不安，在府中长吁短叹："这个段秀实，胆子也太大了，也不跟我商量一下，就捅出这么大个娄子，这可怎么收场啊？"

十几个当兵的被断然斩首的消息立刻传到了郭晞的兵营，兵士们一听，居然有人敢杀郭家的人，简直像捅了马蜂窝，全都嗡嗡地大嚷大叫起来。这伙人都等着郭晞发号施令，准备一起闯进节度使府衙，要跟白孝德的兵士拼命。

白孝德听到消息慌了神，赶紧把段秀实找到府中。段秀实说："您不要害怕，我自有办法对付。"说着，就要往郭晞军营里去。

"那你可要小心啊，郭晞手下的人骄横成性，你可得多带点军士，也好有个照应。"白孝德忐忑不安地叮嘱着。

段秀实胸有成竹地说："您放心，用不着。"说着他解下身上的一把佩刀，放在几案上，宽了宽衣裳后，就选了一个老兵替他拉着马，甩着双手就到了郭晞军营。

郭晞的士兵们见了段秀实，一个个怒气冲冲地在军营门口拦住了他。

段秀实面带微笑，背着手走近营门，一仰头，说："不就杀我个人嘛，还用摆这么大架势？你们也太瞧得起我这个老兵了！得，今儿个我把命搁这儿了，请你们将军出来下令吧。"

段秀实泰然自若地好像在说别人，倒把眼前的一群兵士给惊着了，这时已有人报告了郭晞，郭晞自知理亏，连忙请段秀实进到帐内。

段秀实见了郭晞，拱了拱手说："郭令公立了那么多功劳，没有人不敬仰他。可您却纵容兵士虐待百姓，压榨欺凌，酗酒行凶，这样下去，能不出大乱子吗？如今您的部下披甲戴盔，舞枪弄棒地要去节度使府逞凶，这岂不是要诛杀朝廷命官，明摆着要造反嘛！这些株连九族的罪名，将来恐怕都要落到郭元帅一家的头上。您想过没有，你们郭家一世的赫赫功名，从此不就灰飞烟灭了吗？"

郭晞听了这一席话，浑身打了个寒噤，猛然醒悟过来，急忙点头："多谢先生及时提醒，您这一番话，是对我和家父最大的爱护，我一定听从您的劝告。"说完，立刻回过头对左右兵士说："快传我的命令，帐外兵士一律卸下盔甲，回营休息待命。谁再敢胡闹，就地正法！"第二天，郭晞亲自去白孝德府上道了歉。

打那以后，郭家的兵士受到了严厉整顿，从此军纪严明，没有人再敢上街寻衅滋事，邠州地方的秩序很快安稳下来。

公元779年，唐德宗李适即位，加封段秀实检校礼部尚书，封张掖（今甘肃省张掖市）郡王。到了公元780年，宰相杨炎想在当地修筑原州城，开挖陵阳渠。起动这么大的工程，就随口询问段秀实是否可行。段秀实认为春耕时节不适合征劳役，建议待到农闲季节为宜。位高权重的杨炎没想到段秀实居然会反对自己的计划，就征召段秀实入朝任司农卿（执掌劝农、仓储、园苑、供应宫廷膳食），夺去了他的兵权。

公元783年，泾原镇（唐朝管辖的泾、原二州，相当于今甘肃、宁夏的六盘山以东、蒲河以西地区）军队发生哗变，攻陷了长安，唐德宗仓皇出逃到了奉天（今陕西省乾县），但仍被叛军包围了一个多月。正当奉天危难时刻，凤翔节度使朱泚（cǐ）在部下的簇拥下，很想当皇帝，就派出三千精兵，名为迎接德宗，实则去攻打奉天。

朱泚召集了一些大臣商议，段秀实再三劝阻，陈述了一番应当效忠朝廷的道理，但根本无法打动一心想当皇帝的朱泚，于是忍不住当堂骂道："你这个罪该万死的反贼，休想让我跟你造反！"话音未落，段秀实扬出手中的象笏（古代大臣上朝拿着可以记事的手板；笏 hù）猛击朱泚，朱泚慌忙用手臂护住脑袋，这时，朱泚的部下一拥而上，当场将段秀实乱刀砍杀。

段秀实刚正不阿，视死如归，勇于伸张正义的事迹千古流传。

第三十五章 醉打金枝

唐朝名将郭子仪在平定安史之乱中,历次出征抵御吐蕃,不惜冒险单骑赴回纥营进行谈判,成功地分化了入侵的敌军阵营,扭转了战局,使大唐转危为安,为日后恢复唐王朝统治,立下了汗马功劳。唐代宗(727年—779年,唐肃宗李亨长子)对他信任有加,敕封元帅后又封为汾阳郡王,还和郭家联了姻,把自己的女儿升平公主嫁给了郭子仪最小的儿子郭暧为妻。

升平公主(752年—810年)是唐代宗李豫与结发妻崔贵妃的女儿。她出生不久,安史之乱爆发,唐玄宗只得放弃京都长安,慌忙率领众皇族宗室逃亡到川蜀,那时升平公主还在襁褓中,跟随父母开始长达三年多的颠簸生涯。

长大后的升平公主，貌美如花，由于父皇对她从小娇宠，养成了一副骄横傲慢的公主脾气，宫里人都依着她。

那时的公主与臣子结婚叫下嫁，而公主下嫁是不用拜公婆的。因此，升平公主自打结婚那天起，也没给公公婆婆磕过头、行过礼。郭子仪心想，儿媳是皇帝的女儿，历来皇帝的女儿不愁嫁。如今人家是下嫁，能攀上这份儿亲，自然是皇恩浩荡，儿媳磕不磕头实在不重要。可这个当儿子的郭暧，如今当了丈夫，尽管知道皇家这个礼制，心里还是纠结，时常过不去这个坎儿。见父母都不说什么，自己也就不强求了。

可下嫁这事还不算完，因为郭暧的媳妇是从皇族来的，还要讲究皇族的规矩，尊卑礼数的分寸不能少。按规定，驸马不能随意见公主，必须事先由公主在门口挂起红灯笼，才能允许驸马进来，见了公主还要行君臣大礼，这些繁文缛节让郭暧很不舒服。好在公主很给面子，每次驸马回来前，红灯笼早已挂起来了，夫妻见面行礼后，公主也是小鸟依人、温柔可亲。几周过后，郭暧就想免了这些进门的麻烦，不料公主认为这是皇族历来的规矩，不能改变。郭暧只好笑笑，心想这媳妇真是死心眼儿。

两人毕竟是新婚燕尔，卿卿我我地过了一段甜美的时光，可是日子一长，升平公主的娇蛮脾气时不时就犯上了。郭暧看在她是公主的分儿上，哄哄她也就算了，并没跟她计较。不知不觉就到了郭子仪七十大寿的日子，以往的太平日子终于起了波澜。

汾阳王郭子仪与夫人同岁，生日也没差几天。如今国家安定，儿女们就想给二老过个喜庆热闹的寿辰。到了生日这天，不料公主在关键时刻撂了挑子，借故身体不舒服，丝毫没有动身的意思，只让郭暧独自一人去拜寿，郭暧一听就急了，本来心里就压了不少火，一直委曲求全，就为了今日能与公主同去拜寿。可没想到媳妇大煞风景！两人为此拌起了嘴，郭暧更加心烦意乱，干脆一扭身，没好气地甩着手走了。

到了汾阳王府，郭暧见哥哥姐姐们衣冠楚楚、体体面面地成双成对，在厅堂里有说有笑的，唯独自己光杆儿一个，心里别提多窝火了。好在大伙儿看出他心里不好受，都哄着他高兴，纷纷向他劝酒。郭暧历来不会喝酒，可是今天心里憋屈，两眼盯着酒杯，索性来者不拒，谁敬的酒都一饮而尽。结果喝得已有些头重脚轻了。

这时，有人高声报告："东宫太子奉皇上之命，前来给老王爷和夫人拜寿！"郭子仪一听，连忙吩咐大开府门，准备迎驾。

郭暧心想，太子都来给爹拜寿，作为本家媳妇为什么不能来？这分明是你升平公主摆臭架子拿着劲儿，看不起我们郭家人啊！想到婚后自己所受的屈辱，肚子里的酒就像被烧着了的火。酒席还没散，他就猛地一转身，大步流星地走出了汾阳王府。

郭暧回到驸马府，一头撞进了屋里。公主见他直瞪瞪地瞅着自己，也不行礼，就知道他喝多了，说："驸马回来啦？""这是我的家，不回来上哪儿去？"郭暧没好气地横着嗓子嚷嚷。

"你不会喝酒，干吗还喝这么多呢？"公主闻到了阵阵酒气，有些嗔怪他。"今天是我爹大寿，不会喝也要喝，我又没喝你家的酒，真是多管闲事！"

公主一听，郭暧还敢无礼犟嘴，就气呼呼地质问："你回府也不给我行礼，还敢跟我顶嘴，你到底想干什么？"

"干什么？我要教训教训你！今日爹娘七十大寿，你是郭家的媳妇，为什么不去拜寿？你不就仗着你爹是皇上吗？哼！没有我们郭家父子，大唐的江山早就不知落到谁的手里了！"

公主气得脸色煞白，跺着脚喊道："你满口胡言，一定是喝疯了！这是目无皇上的叛逆言论，难道你不怕被皇帝诛杀九族吗？"

郭暧正在气头上，大声喊道："皇帝又怎样，你是我郭家的媳妇，就得守我郭家的规矩，你不去给公婆拜寿，我不但要教训你，还要打你呢！"说着就抡圆了胳膊，打了公主一个大嘴巴。公主挨了打，一下子愣住了，呆呆地瞅着郭暧，不知不觉流下了两行泪。郭暧一看，吓得酒也醒了，心想这下闯大祸了，一时蒙头蒙脑地没了主意，掉头赶紧就跑。

公主伤心得不行，她一直被人们视为金枝玉叶，哪里受过这样的委屈，一路哭哭啼啼，乘车赶回皇宫。一见到父皇，就扑在他怀里，声泪俱下地诉说起自己的委屈，要父皇惩办郭家。唐代宗看着心爱的女儿受了委屈，心里也不好受，很想好好教训一下这个不知好歹的驸马，可是又一想，被娇宠惯了的女儿也有点儿过分，为这点事和郭家弄僵了关系，说出去也不好听，还是息事宁人，以和为贵才好。唐代宗就对女儿说："驸马打你固然不对，我虽然是皇帝，也不可为所欲为，一味护着你。再说，现在你已是郭暧的妻子，到日子不去给公婆拜寿，是不是也不在理呀？既然成了家，过日子不可再恣意任性，要夫妻和睦才好嘛。"

隋唐故事

升平公主听了虽然有些不甘心，但见父皇说的也有道理，就只好默默地点了点头，告别了父皇，悻悻（怨恨失意的样子；悻xìng）地离开了皇宫，返回驸马府。

就在公主进宫哭诉的时候，郭子仪也得知了这件事，急忙命人把这个胆大包天的儿子绑了起来，亲自押解到殿上请罪。唐代宗一见女婿被五花大绑，像个犯人似的低着头站在那里，觉得还是亲家知深浅，心里存下的那点气一下子都消了。他心想，面对大功臣，还是以宽厚待人为好，于是若无其事地对郭子仪说："爱卿平身。俗话说'不痴不聋，不做家翁'（指作为一家之主，对下辈的过失要能装糊涂）。你我儿女之事，大可不必计较。"

郭子仪没想到皇上如此大度，就赶紧上前拱手拜谢，说："微臣平日管教不严，致使小儿与公主动粗，实应严惩不贷。日后老臣必严加管教。今绑小儿前来谢罪，叩谢陛下万慈不咎。"皇上微微一笑，摆了摆手说："下去歇着吧。"

父子二人躬身告退后，郭子仪马上把儿子带回府里，叫他趴在榻上，照着屁股就是一顿打。他心想，一来得教训一下这个不知天高地厚的小子，二来看谁还敢在背后议论什么"子不教，父之过"之类的话。只听府上噼里啪啦的，动静闹得挺大，挨打的倒也没伤着哪儿。

此后，郭子仪对唐朝更加忠心耿耿。经过这件事，升平公主也开始改变自己，以往骄横傲慢的毛病收敛了不少，开始学着孝顺公婆了。郭暧见了心中欢喜，为此更加疼爱她，夫妻重归于好，和睦地过起了小日子。

第三十六章 临危不惧

公元779年，唐代宗死后，他的儿子李适即位，为唐德宗，成为唐朝的第九位皇帝。公元782年，唐德宗任李希烈为检校司空（散官，无职事，而地位高于正职），兼任淄青（今山东地区）节度使，奉命征讨割据淄青的李纳。李希烈拥兵三万驻扎在许州按兵不动，暗地里派李苣（jù）与李纳勾结，阴谋夺取汴州。同时，李希烈委派使者串通河北三镇的朱滔和田悦，开始叛乱，于是天下又不太平了。

不久，朱滔等人自相称王，派使者奉上奏书，愿推崇李希烈为帝。于是李希烈就自称建兴王、天下都元帅。朱滔、李纳、王武俊、田悦、李希烈史称五贼，割据叛乱的火焰烧遍了半边天。

五个藩镇的叛乱，要数淄青节度使李希烈兵势最强，他攻陷了汝州，兵临东都洛阳，形势十分严峻，朝廷上下大为震惊。当时的宰相是卢杞，他面对强敌，心怀叵测地向唐德宗建议说："太子太师颜真卿德高望重，四方节度使都很尊敬他，若派他去劝说李希烈，相信不用动兵就可以平息叛乱。"唐德宗平日最听信卢杞的话，随即就颁下诏书，让颜真卿去劝说李希烈。

颜真卿是一位很有威望的老臣，秉性正直，笃实敦厚。当年安禄山发动叛乱后，河北各郡大多被叛军占领，平原城因为有太守颜真卿率部坚决抵抗，才没有被攻陷。后来颜真卿又联络他的堂兄颜杲卿起兵抵抗，河北十七郡纷纷响应，他被推为盟主，合兵二十万，使安禄山不敢轻易进攻潼关，在抗击安史之乱中立下了大功。

颜真卿不但是唐代中期杰出的政治家，还是著名的书法家。他写的字雄浑刚健，挺拔有力，表现了他的刚毅性格。他创立了"颜体"楷书，与柳公权、欧阳询、赵孟頫并称"楷书四大家"，和柳公权并称"颜筋柳骨"。

由于颜真卿清正廉洁，刚直不阿，常常被奸臣诬陷排挤，只因为他有很高的声望，一些奸人才不得不对他当面说好话，背后捅刀子。宰相卢杞就是这样的人，他一直忌恨颜真卿，苦于没有机会下手，曾多次派人探听哪一个地方辖镇能行使方便，打算把他排挤出京都。

颜真卿得知后就去见卢杞，告诉他说："你先父卢中丞（指卢奕）的头颅在送往平原郡时，满脸都是血，我不忍心用衣服去擦，而用舌头一点点把血迹舔净，你就这么狠心不容我吗？"

卢杞听了一惊，赶忙惶恐地躬身拱手，但内心却恨之入骨。这会儿趁李希烈叛乱的机会，他就想借刀杀人，以除心患，将颜真卿推向十分危险的境地。

此时的颜真卿已经七十多岁了，朝臣们都为他此行的安危忧心，但他却毫不在乎，明知山有虎，偏向虎山行。

颜真卿见到李希烈时，当场就宣读了诏书，李希烈命他的养子和手下将领一千多人，举着刀剑在四周呼喊，摆出要杀颜真卿的架势。满头鹤发的颜真卿浩然正气，面不改色。李希烈一见下马威不灵，就假惺惺地喝退众人，将颜真卿安排在馆驿，进行了一番威逼利诱，想迫使他给皇帝写奏疏，为自己的谋反辩解，颜真卿无动于衷，坚决不答应。

李希烈派叛将李元平劝说他，遭到了颜真卿的斥责，说："你受国家委任为朝廷命官，却不能报效国家，现在我没有用兵来剿你，难道就来诱降我吗？"李元平讨了个没趣，悻悻地走了。

日后，李希烈招来一批他的同党，摆设盛宴，特意请颜真卿入席。席间指使歌伎们借唱戏来攻击和侮辱朝廷。颜真卿愤怒地说："你是皇帝的臣子，如今大骂朝廷，不也是在侮辱你自己吗？"说完，起身拂袖而去。

李希烈脸上热辣辣的，无言以对。当时朱滔、王武俊、田悦、李纳等藩镇的使者都在座，一见太师颜真卿要走，赶忙客气地站起来围着他，你一言我一语地说："太师公果然了得！我们久闻太师德高望重，如雷贯耳。如今希烈元帅要称帝，正愁没有像您

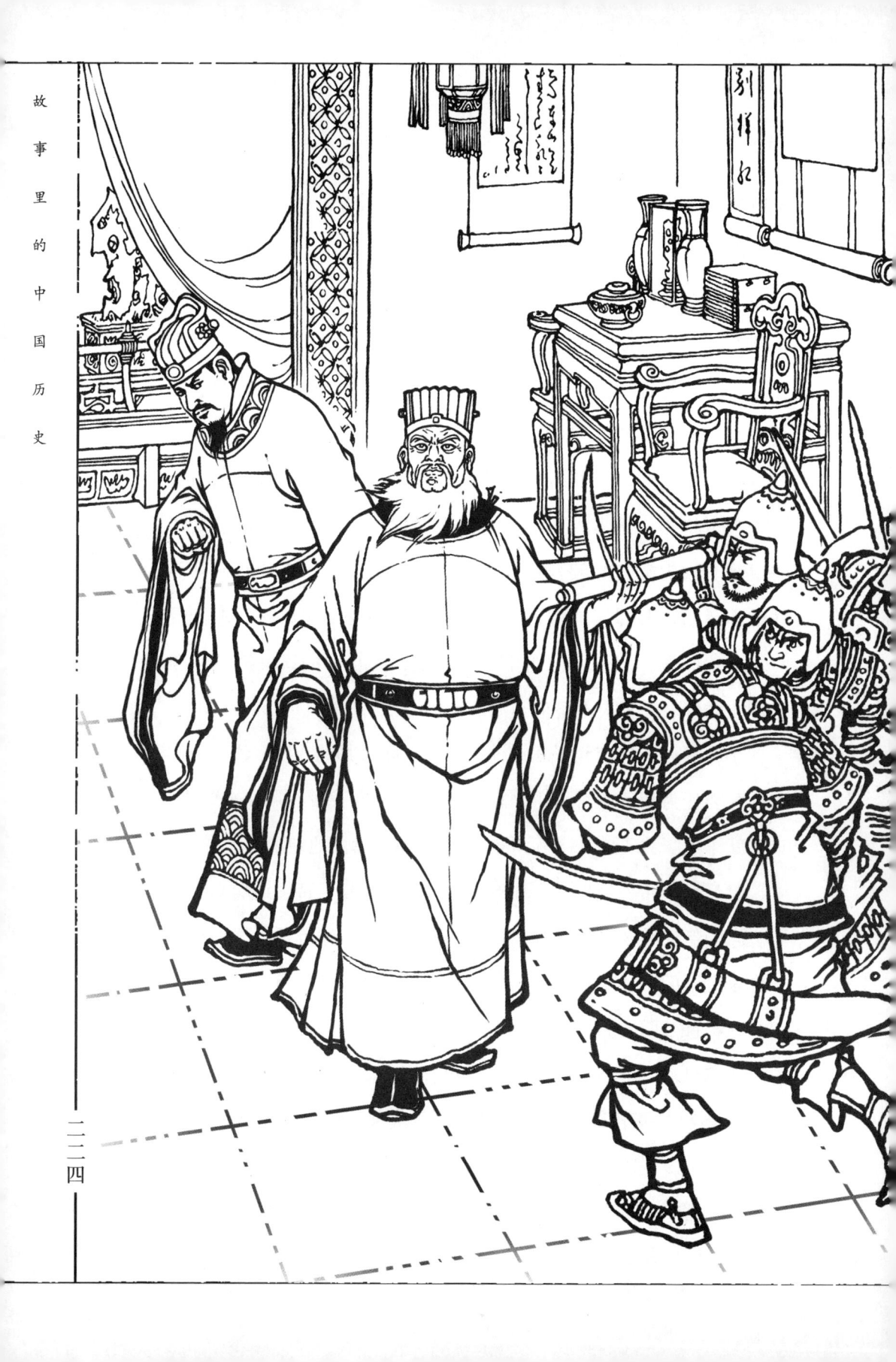

这样德才兼备的宰相呢！现在天赐良机，太师正好光临，要选一位当宰相的贤臣，谁又能超过太师呢？"

颜真卿轻蔑地瞥了他们一眼，不屑地说："笑话！你们一定听说过颜常山（指颜杲卿）吧？那是我的兄长。安禄山反叛时，他首先起兵奋力抵抗，终因寡不敌众被俘，却还一个劲儿地口骂叛贼。我老夫已近耄耋（mào dié，指年纪很大的人）之年，还提什么宰相不宰相！国难当头，难道还会受你们的诱惑，屈身与你们同流合污吗？要杀要剐，悉听尊便。"

面对颜真卿一身正气、掷地有声的斥责，四名使者被震慑得哑口无言，呆呆地愣在原处。

李希烈见颜真卿软硬不吃，只得将颜真卿抓起来，派兵士严加看守，并在庭院中挖了一个大坑，扬言要活埋他。颜真卿轻蔑地对李希烈说："生死有命，何必搞这些鬼把戏！"

当时荆南节度使张伯仪抗敌兵败，李希烈命人把张伯仪的旌节（唐制中，节度使被赐双旌双节，旌以专赏，节以专杀，指节度使所授权限）以及被俘士兵的耳朵送给颜真卿看，颜真卿见了悲痛欲绝，从此不再与人说话。这时，李希烈同伙中的周曾、康秀林由于对太师颜真卿敬佩有加，打算通过偷袭除掉李希烈，然后尊颜真卿为帅，不料事情泄露，周曾等均被杀害，李希烈随后把颜真卿押送到蔡州的龙兴寺。

在龙兴寺，颜真卿预感到自己时日不多了，于是写下了给德宗的遗书，以及自己的墓志和祭文。他面对屋内的西墙自言自语地说："这里将是我归天的地方啊！"待到李希烈称帝前，派使者来询问登基的种种仪式时,颜真卿冷笑了一声,回答说:"老夫年近古稀,曾掌管过国家礼仪,不过我只记得诸侯朝见皇帝的礼仪!"来人碰了一鼻子灰,只好讪讪地回去了。

后来,唐军日益强大起来,淮西(今以皖北、豫东、淮河北岸一带为淮西)的形势发生了逆转。李希烈气急败坏,派部将辛景臻、安华赶到龙兴寺,在寺中堆起干柴,对颜真卿恶狠狠地说:"再不投降,就烧死你!"没想到颜真卿二话不说,纵身跳入火中,辛景臻等人急忙拉住了他。

不久,李希烈得知他弟弟李希倩因与朱泚叛乱被杀,为此怒气冲天,随后就想拿颜真卿出气。

784年八月,李希烈派宦官前往蔡州龙兴寺,对颜真卿说:"皇帝诏曰,应赐你死。"颜真卿以为使者是从长安来的,就说:"老臣没有完成使命,有罪该死,但不知使者是从哪里来的?"

宦官脱口而出:"从大梁(今河南省开封市)来。"颜真卿立刻骂道:"哼!原来是叛贼,居然还敢称诏!"话音刚落,就被宦官带来的一行叛军给缢杀了,享年七十六岁。

嗣曹王李皋(唐朝宗室名臣)听到颜真卿死节的消息后,挥泪不止;三军均为此潸然泪下。

半年后,唐朝终于平定了叛乱,淮西节度使陈仙奇派军将护送颜真卿的灵柩回京,颜真卿的两个儿子颜颙、颜硕赶到汝州襄城县迎丧。同年,兄弟俩将父亲的灵柩葬于京兆万年颜氏祖辈的坟地。唐德宗为此废朝五日,追赠颜真卿为司徒,谥号"文忠"。

第三十七章 永贞革新

安史之乱后，中央对地方已经失控，形成了藩镇割据的局面。鼎盛时期的大唐王朝从此一蹶不振。从唐玄宗时期的高力士开始，经过唐肃宗、唐代宗二朝，宦官擅权发展到执掌兵符，拥有了更大的权力。到了唐德宗晚年，君主任由宦官干政，朝臣早已形同虚设，连京师的精锐部队神策军，竟然都掌握在宦官的手里。

此后，宦官有恃无恐，朝廷在宦官专权的乌云笼罩下，变得越来越腐败。怎样才能抑制宦官的势力，夺回国家军权，成为唐朝君臣面临的一个首要问题。

远的不说，就看唐肃宗、唐代宗和唐德宗这三代皇帝执政的几十年来看，昏庸的帝王们只顾骄淫奢侈地享乐，根本不顾百姓的死活。特别是唐德宗在位的二十多年里，奸臣当道，藩镇作乱，他却视而不见，只知道一味地聚敛钱财。

唐德宗跟宦官们一合计，设立了一个叫作"宫市"的机构，专门指派一批太监到宫外采购宫里需要的东西。后来，宦官们为了省事，干脆在长安东西两市安排了几百名白望（指唐代到市场任意掠夺货物的太监），他们见到好东西就说皇宫需要，强行以低价购买。导致长安街市两边的店家，连日来只赔不赚。店家们怨声载道，一见到身穿宦官服的白望出动，就像见了老虎，纷纷关上店铺门，这一来，昔日繁华的长安街市，变得一片萧条。

唐德宗对凋零的街景视而不见，任凭宦官们继续不择手段地掠夺百姓财物。宦官还在长安开设"五坊"，雕坊、鹘（hú；鸟名，即隼）坊、鹞（yào；雀鹰的俗称）坊、鹰坊、狗坊，这些坊是宫中专门用于捕捉和豢养动物、供皇家玩乐的地方。有一批小太监专门在五坊里当差，叫作五坊小儿。

五坊小儿依仗皇宫权势，狐假虎威，故意将捕鸟的网张得很大，罩在人家门口或者井口。谁要是在家门口进出或者到井边去打水的时候，碰到了鸟网，他们就会立刻训斥，指责行人吓走了供奉皇帝的鸟雀，然后不由分说，上来就是一顿拳打脚踢，直到这家人忍屈求饶，答应出钱赔偿，他们才拿钱放人。

那时候，有两个陪伴太子李诵读书的官员。一个叫王叔文，擅长下棋；另一个叫王伾（pī），字写得好。他们发现太子比他爹强，不像德宗那么昏庸，就时常向太子诉说一些民间的疾苦，渐渐地太子跟他们也有了共识。当太子听到宦官借宫市为名，在外面为非作歹、欺行霸市的行径，就愤愤不平地说："我见到父皇，一定要向他反映这件事。"

大家听了，都称赞太子贤明，有正义感。只有王叔文眉头紧蹙，一言不发。等到别的官员走了，太子把王叔文留了下来，问他："你不是常谈起宫市里的卑劣行径吗？可你刚才为什么沉默不语呢？"

王叔文说："我看殿下现在还是少管这些事情为好。万一有人在皇上面前挑拨是非，说殿下不专心读书，反而想收买民心，皇上一定会起疑，到那时殿下想要分辩可就难了。"太子恍然大悟，说："多亏你及时提醒，我还真没想到这一点，人心叵测呀。"

打那以后，太子更加信任王叔文了，有什么事情都和他商量。王叔文认为太子早晚要继承皇位，到时候身边缺少辅佐的大臣可不行，于是就暗地里替他物色朝廷中有才能的官员，并跟他们结交来往。有一年太子突然得了病，身体一时不能动弹，甚至连话也不会说了。唐德宗为此感到很难受，不久也病倒了。

公元805年，唐德宗病逝，大病初愈的太子李诵即位，即唐顺宗。顺宗虽然身体虚弱，但并没有忘记要改革朝政的使命，他很快提拔了王伾、王叔文主持朝政，朝廷一下子有了生气。王伾、王叔文联络了一批志同道合的中下层官员，其中有柳宗元、刘禹锡，这两位都是唐朝著名的文学家、思想家、诗人，还有宰相韦执谊，以及韩泰、凌准、程异、韩晔、陈谏等一批朝臣。

众臣按照二王主张的改革方案，形成了以"二王刘柳"（王伾、王叔文、刘禹锡、柳宗元）为核心的革新派势力。他们维护统一，反对藩镇割据，反对宦官专权，积极推行革新，大刀阔斧地采取了一系列的改革措施，得到了广大民众，特别是长安百姓的一致拥护。

当年，唐顺宗顶着宦官们的反对的压力，宣布了一系列命令，废除了宫市，减免了百姓积欠官府的部分租税，降低了盐价，取消了地方官对朝廷的进奉，还释放了一部分宫女还乡。这些革新举措的实施，大大减轻了百姓负担，社会逐渐出现了复苏的生机。

此后，二王他们再接再厉，又从经济、军事、政治几方面进行革新，这就开始动摇宦官和藩镇的利益根基，这些人当然不肯放权，他们连做梦都想除掉这批朝廷上的改革派。

王叔文手里没有军队，要想跟宦官斗争，必须得把他们手里的兵权夺过来。他天真地认为，凭着老将范希朝的威望，就能接管宦官掌握的神策军。宦官头子俱文珍得到消息后，立即下了手令，叫禁军将领们谁也不准听范希朝的指令，否则军法处置。范希朝和韩泰受命到奉天点兵，不料禁军将领一个也没来。王叔文才发觉没有兵权的改革，好比赤手空拳上战场，只能走向绝路。

这时，各地藩镇和宦官们可没闲着，他们加紧勾结，仗着手里的兵权在握，就扬言唐顺宗体弱多病，一致要求太子李纯出面主持朝政，没几天又要求顺宗退位，以兴社稷。危急时刻，王叔文偏偏又因母亲去世，不得不遵循古训，离职回乡去守灵尽孝。王伾一看着了慌，居然跑到宦官那里去说情，希望让王叔文回来复职，宦官们早已铁了心，哪里会答应他的要求？一番冷嘲热讽，把他恶心了一顿，王伾气得一股心火涌上来，一下子头晕目眩，

隋唐故事

竟然倒在地上，失去了活动能力。

二王一前一后，都消失在顺宗的视线里，顺宗失去了左膀右臂，在宦官和藩镇的不断施压下，只好被迫退位，将皇位传给了太子李纯，即唐宪宗。李纯原本是依靠宦官们的势力当上了太子，如今登上帝位，对宦官们自然大开绿灯，按他们的意思，下诏把王伾贬为开州司马，王伾抑郁难平，没多久就病死了。第二年，王叔文也遭到迫害，被贬到渝州后，在寓所里接到皇帝诏书，下令赐他死。王叔文临终望天长叹，含恨自尽。

二王死后，唐宪宗并没有善罢甘休，在一帮宦官的簇拥下，对朝臣们开始了大换血，连续下诏贬韦执谊为崖州（今海南省三亚市）司马，韩泰为虔州（今江西省赣州市）司马，韩晔为饶州（今江西省鄱阳县）司马，柳宗元为永州（今湖南省永州市）司马，刘禹锡为朗州（今湖南省常德市）司马，陈谏为台州（今浙江省临海市）司马，凌准为连州（今广东省连州市）司马，程异为郴州（今湖南省郴州市；郴 chēn）司马，称为"八司马"。

这次革新持续了短短一百多天，历史上称"二王八司马"事件。因唐顺宗的年号是永贞，也称"永贞革新"。从永贞革新的过程看，王叔文等人存在挟天子以令群臣的现象，从而引发一些朝臣的不满和抵触；由于反对派牢牢地掌控着兵权，而革新派还远没有得到政权就仓促上阵，盲目进行革新，造成了这股改革派力量形影孤单，异常脆弱，最终被强势的宦官扼杀在摇篮里。

总之，永贞革新是一次失败的政治改革，使大唐朝政由此变得更加黑暗。

第三十八章 夜袭蔡州

在唐朝历史上所有的皇帝中，能得到后世高度赞扬的帝王有三位。尽管这三位皇帝存在这样或那样的短板，但他们起到的作用仍有着各自的深远意义。第一位是开启了"贞观之治"的唐太宗李世民，第二位是打造了"开元盛世"的唐玄宗李隆基，第三位就是实现了"元和中兴"的唐宪宗李纯。跟唐太宗、唐玄宗相比，唐宪宗在历史上的名气要小得多，不过他为大唐王朝在削藩上做出了巨大贡献，影响深远，值得称道。

自从安史之乱爆发后，藩镇割据日益严重，唐宪宗的祖父唐德宗曾试图把藩镇一举扫平，结果按下葫芦浮起瓢，险些造成亡国的悲剧。因此，削藩问题对几代唐朝皇帝来说，成了烫手的山芋，名义上想干，实际上又不敢干，藩镇的掣肘现象，又成了后来所有唐朝皇帝挥之不去的噩梦。唐宪宗登基后，面对当时严重的藩镇割据现象，就下决心想要恢复对藩镇的控制。他认为要完成削藩大业，首先就要加强朝廷的中央集权，并对时下的各种流弊诟病进行改革。

唐宪宗决心以法度裁制藩镇，元和二年（807年），开始对割据的藩镇开展了一系列战争。在面对的各个藩镇中，淮西是个顽固的割据势力。淮西拥有蔡州（今河南省汝南县）、申州（今河南省信阳市）、光州（今河南省潢川县）三镇，周围都是唐朝的州县。公元814年，淮西节度使吴少阳死了，他的儿子吴元济上位。唐宪宗先后派兵征讨淮西，但各路唐军无一例外地都被藩镇给打败了。

公元817年，唐宪宗派李愬（sù）担任唐州（今河南省唐河县）等三州节度使，命他进剿吴元济的老巢蔡州。

凉武公李愬（773年—821年），字元直，洮州临潭（今属甘肃省）人。为西平郡王李晟的第八个儿子，是个有谋略又善骑射的唐代中期名将。

唐州的将士跟藩镇打了几年仗，也不知是对方太强大还是这边将士不走运，总是打不赢，为此兵士们渐渐地产生了厌战情绪。这会儿听说李愬要来管理军队，将士们心里都有些忌惮。李愬一到唐州，就向将士们宣布："天子深知我有仁爱之心，此番让我来安抚调养你们。至于跟藩镇作战，我可是从来没打过仗，所以不关我的事。"

消息很快传到了吴元济那里，吴元济正因为打败了唐军而沾沾自喜，一听到报告高兴坏了，心想：大唐只不过派了个不会打仗的无名小官前来安抚一下边关将士而已，呵呵，这下终于可以高枕无忧了。于是，无论白天黑夜，顿顿酒足饭饱，对唐军更加不屑一顾了。

李愬来唐州好几天了，从来不提打淮西的事，只是到处看望伤病员，安抚受伤的将士，连日来嘘寒问暖，说一些让人感到暖心的话语。将士们见他没有一点儿官架子，对人和蔼可亲，都很敬重他。

二月的一天，李愬派将领马少良带领十几个骑兵巡逻，正巧遇到了吴元济部下的将领丁士良在边界溜达，就立刻将他生擒押进大帐。丁士良是吴元济的战将，多次打败唐军，大伙儿一再请求李愬，干脆把他杀了，给阵亡的唐军烈士报仇。

不料李愬却亲自上前，将五花大绑的丁士良请入帐中，随后把他身上的绳索迅速解开，轻轻地拍着他的肩膀问道："将军以一当十，武艺高强，可为什么要跟随吴元济叛乱呢？"

丁士良没想到对方将领见了仇人非但不杀，还以礼相待，使他大受感动，连忙拱了拱手，就把心里话掏了出来："大将军有所不知，其实我并不是淮西兵士，贞元年间隶属安州，跟吴少诚（吴元济的叔伯）作战时被俘，就认定会被处死，不料吴少诚非但没杀我，还重用了我，所以就竭尽全力来报答吴氏。今日被您擒获，感谢您的不杀之恩，从今往后，我也会竭尽全力报答您。"李愬采取了化敌为友的策略，任命丁士良为捉生将（相当于今日的侦察营长）。

不久，丁士良帮助李愬打下了淮西的两个据点——文城栅和兴桥栅，先后收服了两个降将李祐和李忠义。这两个人文武兼备、智勇双全，得到了李愬的充分信任，经常和他们商讨攻打蔡州的计划，时常讨论到深更半夜。

李祐向李愬建议："吴元济的精兵都驻扎在洄曲（今河南省漯河市沙河与澧河汇流处下游一带；洄 huí）和边境上，镇守蔡州的只是一些老弱残兵。此时可以乘虚而入，直攻蔡州，等到吴元济的部下带兵过来救他时，我们早已把吴元济活捉了。"

公元817年的冬季来得特别早，那一天，北风呼啸，大雪纷飞，天气十分寒冷，李愬却出乎意料地升帐调兵，命令李祐和李忠义率三千骑兵为先锋，自己与监军率三千兵士为中军，唐州刺史田进诚率三千人马断后。除了率兵的几个将领，谁也不知道要去哪里。有个下官直纳闷儿，忍不住问李愬，李愬说："不用多问，只管朝东前进！"

士兵一路急行约六十里，到了张柴村。村中驻扎着淮西兵马，因为天气寒冷，帐外一个放哨的都没有，士兵全都在帐内歇着呢。李祐和李忠义率军趁机杀了进去，毫不费力就占领了张柴村。李愬让将士稍事休息，留下一批守住张柴村的兵士，以截断通往洄曲的路。安排妥当后，就下令连夜继续进发。

将领们忍不住再次询问李愬往哪里进军，李愬这才大声宣布："攻打蔡州，捉拿吴元济！"

将领中有不少人吃过吴元济的败仗，心里留下了阴影，一听要去攻打，吓得心直跳。尤其是充当监军的宦官，吓得居然哭了起来。李愬不屑地扫了他一眼，当众说道："你要是害怕就一个人留在这冰天雪地里吧！"那个宦官只好擦了擦眼睛，蔫蔫地跟着众人向东行进。

队伍里有几个壮汉见了那个哭鼻子的宦官就来气，随口奚落起来："官爷待在皇宫里头多享福啊，冰天雪地的跑到这来多受罪呀！""就是，还不如趁早打道回府呢。"那个监军宦官闷着头只顾走，装作一点儿没听见。

这时候，北风越刮越紧，大雪越下越厚。呼啸的寒风把飘扬的旌旗吹得啪啪作响。大家见到一路上冻死的兵士和马匹，心里头暗暗叫苦：大冷天的偏偏赶上这份儿苦差事，真倒霉！不过骂归骂，走归走，军令如山，没人敢违抗。

一路上，兵士们不敢打瞌睡，生怕被冻死。踏着厚厚的积雪，咬着牙疾行，走了近七十里路，终于在半夜时分到达了蔡州城下。

稍事休整后，李祐、李忠义命令士兵在城墙上面挖出一个个坎眼儿，他们身先士卒，脚踏坎眼儿，十分矫健地爬上了城墙。兵士们一见，也紧跟着蹬着坎儿爬了上去。不一会儿，他们除掉了熟睡中的守城兵士，只留下一个打更的，叫他照样敲梆子，如往常一样。再看城门，已由翻过墙的兵士们从里面悄悄打开了，大军立刻蜂拥而入。紧接着采用老办法，又顺利地打进了内城。

鸡叫头遍时，雪停住了，李愬的军队踏着厚厚的白雪，悄无声息地进入了吴元济的外宅。此时，屋外已经布满了唐军，吴元济却还在被窝儿里做梦呢。有个淮西兵士发现了大批唐军，吓得

故事里的中国历史

急忙闯进里屋向吴元济报告："大王不好了，唐军都到院里了。"

吴元济懒洋洋地躺在床上还没完全醒过来，哼哼唧唧地说："瞎咋呼什么呀！这一定是洄曲的士兵闹着要棉衣，等天亮了我再打发他们吧。"说完就在床上翻了个身，准备再睡个回笼觉。突然院子里响起一声清脆的口令，紧接着传来数千名士兵的应答声。这震耳欲聋的喊声，吓了吴元济一大跳，这才如梦初醒，慌忙穿上裤子，带着亲信兵士，爬上院墙进行抵抗。

当时驻守在洄曲的是吴元济的谋士董重质，手下有一万精兵。李愬对将士说："吴元济敢于顽抗，就因为有董重质来救援。"李愬事先得知董重质的家在蔡州，早已派人去安抚他的家属，并让董重质的儿子到洄曲劝降。董重质一看，全家老小都在人家手里，人命关天，既然大势已去，就急忙赶到蔡州投诚了李愬。

李愬打消了后顾之忧，立即命令将士猛攻内院，很快砸烂了外门，占领了军械库，可吴元济还想凭着院墙负隅顽抗。第二天一早，李愬一面命将士田进诚放火烧了院墙的南门，一面命唐军弓箭手向南门院内齐射，密集的箭铺天盖地地扎在院墙内，吓得对方亲兵们不敢抬头。直到这时，吴元济才乖乖举起了白旗，顺着天梯下来束手就擒。李愬轻蔑地扫了他一眼，派兵用囚车将已经被绑得结结实实的吴元济押回京城。

至此，叛乱四十年之久的淮西藩镇割据，终于被平定了。

第三十九章 新乐府运动

白居易（772年—846年），字乐天，祖籍山西太原，生于河南新郑（今河南省郑州市）。他是唐代伟大的现实主义诗人，同李白、杜甫并称为唐代三大诗人。白居易的诗歌题材广泛，形式多样，语言通俗，享有"诗魔"和"诗王"的美誉。

白居易从五六岁的时候就开始学写诗，有着超乎常人的天赋。他十六岁那年，在徐州做官的父亲白季庚希望儿子到京城去见见世面，有机会结交一些天下名士。

安史之乱引发的连年战乱，加上朱泚发动的泾原兵变，使大唐雪上加霜，都城长安到处闹粮荒，米价一日三涨，京城老百姓的日子每况愈下。

白居易到了京城后，打听到城里有一位名士叫顾况，很有声望，他就带着自己的文稿去拜访和求教顾况。顾况一见，原来是个少年前来拜访自己，就没怎么把他当回事。又见这位少年递来的名帖上写着"白居易"三字，就戏谑地笑了笑说："呵呵，长安米贵，居之不易啊！"

接着，顾况翻开白居易的文稿，漫不经心地扫视起来，当看到里面的一首小诗《草》（即《赋得古原草送别》）时，不由得兴奋地读出声来："离离原上草，一岁一枯荣。野火烧不尽，春风吹又生。"

顾况读完，暗自吃惊，没想到小小年纪能写出如此大气的诗句，脸上不禁露出赞叹的笑容，热情地对白居易说："刚才我对你戏言'长安米贵，居之不易'，请别见怪，我只是觉得你在长安居住不容易。不承想你能写出这样的好诗，我必须得改一下说法了，应该是'长安米贵，居之甚易'！"随后两人都爽朗地笑了起来。

少年白居易得到了名士顾况的赏识后，一传十，十传百，很快在长安城里声名大噪。几年后，白居易考取了进士，唐宪宗听说白居易很有文才，就让他做了翰林学士，不久又让他担任了左拾遗。

白居易虽然进入了仕途，但他厌恶官场上逢场作戏的那一套陋习。他一面创作反映现实社会的诗歌，一面时常在唐宪宗殿前犯颜直谏，尤其反对宦官坐拥兵权，劝诫皇帝不可姑息养奸。有一次，宪宗让一个宦官头子做统帅去讨伐藩镇，白居易执意反对，唐宪宗气得暴跳如雷，对宰相李绛说："白居易怎敢对我如此不敬，他现在的官职还是我提拔的呢！简直是目无帝王，扰乱朝纲！"

李绛劝慰宪宗说："白居易敢于犯颜直谏，已经超过了其他大臣们的勇气，说明他对国家忠心耿耿，对自己不计较利益得失。您要是责怪他有罪，以后恐怕就没人敢说真话了。"

宪宗听了，心里还是不痛快，虽然没有惩治白居易，却把他左拾遗的职务给撤掉了，改任京兆府户曹参军。

白居易的谏言没能得到皇上的认可，心中充满了忧郁，时间一久，他就默默地把心中的感触写成了一首首诗，其中有不少反映社会现实的作品，如《秦中吟》《新乐府》等。在这些可歌可泣的诗篇中，他无情地揭露了宦官仗势欺压百姓的罪恶，辛辣地讽刺了达官显贵们穷奢极欲的生活。正因为他的诗真实地反映了残酷的社会现实，结果触犯了掌权的宦官和官僚们的利益，招来了这些人的忌恨与咒骂。

有一年，白居易在太子的东宫里做左赞善大夫（始于唐，在太子官中掌侍从、讲授）。宰相武元衡和御史中丞裴度二人遭奸佞暗算，武元衡当场身死，裴度身受重伤。朝臣们真是不怕事大，出了人命也只是默默观望而已。白居易为此感到十分气愤，立即上疏要求缉拿凶手。太监和官僚却抓住这个机会，狠狠地告了他一状，指责白居易既不是谏官，又不是判官，却对朝廷横加指责，实属有意干政。唐宪宗本来就对白居易的那些讽喻诗耿耿于怀，正找不着碴儿整治他呢，现在有那么多宦官、朝臣告状，这下不由分说，马上把他挤出京都，贬为江州（今江西省九江市）司马。

白居易被贬谪到江州后，开始了他一生的转折点。在此之前，白居易是以"达则兼济天下"为志，希望自己能对社稷苍生做出贡献，尽责一生；被贬以后，白居易渐渐转向"穷则独善其身"的处事原则，依然对百姓的疾苦发出呼喊，只是由于职权所限，时常感到心有余而力不足。

宪宗一死，唐穆宗继位，他很赏识白居易的文采，诏令白居易回京城任职。当时，朝臣们仍处于争权夺利的宫斗状态。白居易见穆宗皇帝执政无方，又不听劝谏，仍然是个贪图安逸享乐的帝王，他深感无望，就极力请求调往外省做官。不久，他出任了杭州、苏州刺史，在任期间，为当地百姓做了不少好事。

公元822年，白居易任杭州刺史时，对李泌所修六井做了疏浚，并在钱塘门外石函桥附近（今浙江省杭州市）修筑了一条湖堤，以增加西湖蓄水，来灌溉千亩良田，这就是有名的"白公堤"。这一疏浚工程保证了六井的水源清洁，解决了百姓的饮水问题，也为城市的美化和发展创造了有利条件。

白居易在仕途上的挫折，促使他把全部精力倾注到了诗歌的创作中，他一生写了大约三千八百多首诗，其中以讽喻诗最为有名。《卖炭翁》是白居易创作的《新乐府》组诗中的一篇讽喻诗代表作，其中描写了一位烧木炭的老人为谋生而历尽艰辛。通过卖炭翁的遭遇，深刻地揭露了"宫市"宦官的腐朽本质，讽刺了腐败的社会现象，对统治者的掠夺本性给予了有力的鞭挞和抨击，表达了作者对底层百姓的深切同情。全诗描写形象生动，呼之欲出，如全诗的后两句写道：

一车炭，千余斤，宫使驱将惜不得。

故事里的中国历史

半匹红绡一丈绫，系向牛头充炭直。

表达了劳作的艰辛与无奈；句尾戛然而止，含蓄有力地抨击了朝不保夕的残酷现实。短短几句，对人物心理的刻画、对事物细节的描绘，却有着丰富的内涵与张力，读来振聋发聩。

《长恨歌》是白居易的代表作之一，有着极强的讽喻性。他深刻揭露了"汉皇重色思倾国"必然带来的"绵绵长恨"，谴责中晚期的昏君唐明皇，一味追求美色，以致坠入不爱江山爱美人的无底深渊，最终爆发了近八年的安史之乱，给人民带来了深重灾难。

在一个夜晚，白居易在江边送别友人，没想到随之而来的时光，将成为他此生难忘的景象。他听闻江上传来哀怨的琵琶声，不禁触景生情，经与琵琶女相见，互诉坎坷经历之后，创作出了脍炙人口的叙事长诗——《琵琶行》。诗的最后两句写道：

凄凄不似向前声，满座重闻皆掩泣。

座中泣下谁最多？江州司马青衫湿。

寥寥数语，栩栩如生地塑造出琵琶女和诗人的形象，并将两人的悲悯心声、不幸遭遇进行了类比，凄楚地嗟叹出二人各自怀才不遇、沦落天涯的内心感慨。

白居易的众多诗作，情感朴素真切、人物鲜明饱满，充满了极强的艺术感染力，成为我国文学宝库中十分珍贵的遗产。当时与白居易齐名的诗人又有元稹，二人并称"元白"。

第四十章 甘露之变

安史之乱使强盛的唐王朝从此一蹶不振,后来的甘露之变又酿成了中国古代王朝宫斗中最为惨烈的喋血事件,自此,宦官一手遮天,权倾朝野,导致唐王朝逐渐走向灭亡。

俯首帖耳的宦官朝夕相伴地服侍在皇帝身旁,很容易成为皇帝的耳目亲信,一旦有机会,他们随时都能对朝政进行评议,对朝臣进行褒贬,因此,身份的特殊给他们擅权干政提供了可乘之机。

唐朝后期,不仅存在各方藩镇割据,宦官的势力也越来越大,从唐穆宗以后到唐朝灭亡,八个皇帝之中,有七个是由宦官拥立的。这些傀儡皇帝,为了保住帝位,不是巴结就是纵容宦官。

甘露之变就发生在这样一个时代背景下。

唐穆宗驾崩后，唐敬宗是个短命皇帝，只当了一年天子就死了，之后唐穆宗的次子李昂，被宦官王守澄等拥立为皇帝，即唐文宗。刚当上皇帝的李昂，整日苟活在宦官们的乌云下，大气不敢喘。为首的王守澄就像个严厉管教孩子的家长，皇上的一举一动都要受到他的监视，这让皇上怎么受得了呢？为此，李昂暗下决心，要找机会除掉这些宦官。

有一次文宗生了病，王守澄就指使手下的昭义节度副使，曾经游历江湖行医的郑注来给文宗看病。文宗吃了郑注开的药，过了几天，病情有所好转，就高兴地把郑注找来闲聊，发现郑注口齿伶俐，头脑灵活，很有才华，就封他为御史大夫。

郑注有个朋友叫李训，长得身材魁梧，思维敏捷，却是个不得志的小官，他很羡慕郑注能得到皇帝的信任，就请他引荐，也想谋个高官，郑注就把他引荐给了唐文宗。后来，李训经常提出要加强皇帝的绝对权力，在上奏的文书里句句说到了文宗的心坎上，文宗一高兴，将他提升为宰相。

不久，郑注和李训成了文宗的亲信，文宗把打算除掉宦官的想法告诉了他们俩。李训说："陛下想要除掉王守澄，微臣以为，首先就要削弱他的势力。王守澄手下有个宦官叫仇士良，两人一向不和，还请陛下考虑提升仇士良，以此来削弱王守澄的权力。"文宗一听有道理，就封仇士良为左神策中尉，统领一部分禁卫军。

没几天，文宗找了个碴儿，索性解除了王守澄的兵权。王守澄做梦都没想到文宗出手如此麻利，手里一下子没了兵权，朝廷上下还有谁会听他的呢？没等他回过神儿来，就见一个平日被他欺负过的小公公进了门，手里端着一杯酒，笑眯眯地对他说："小的给王公公请安，这是皇上特派奴才前来赏赐给您的御酒，请您享用。"

事到如今，王守澄觉得凶多吉少，但眼前御酒在上，不喝又不行，只好半信半疑地一饮而尽，喝完就死了。小公公办完差事，扭脸回禀皇上去了。

除掉了宦官王守澄，可还剩下个刚升任的仇士良呢，李训和郑注经过一番周密的计划，联络了禁卫军将领韩约，定下了除掉仇士良的计划。

公元835年十一月的一天，文宗像往常一样上朝听政，这时韩约上殿启奏说："启禀陛下，昨夜在禁卫军大厅后院的一棵石榴树上，降下了甘露。臣以为，此乃天降神露，我大唐幸事矣！"朝臣们都认为天降甘露是件大好事，李训立刻率领文武百官上前祝贺，并请文宗亲自去观赏甘露。

文宗龙颜大悦，急忙让李训先带人过去查看，李训就兴高采烈地到禁卫军大厅后院转了一圈，回来沮丧地说："我到那里看了一下，不像是甘露，请陛下再派人去查验一下吧。"至此，一切都在计划当中。于是，文宗就派仇士良带领宦官们去查看。仇士良叫禁卫将军韩约陪着一起去，韩约毕竟心里有鬼，刚走到门帘边，就紧张得头冒虚汗脸发白。仇士良一见，奇怪地问韩约："韩将军，您气色不对呀，这是怎么啦？"

韩约心里咯噔一下，刚要答话，忽然一阵风吹来，掀动了门边悬挂的幕帘。仇士良这才发现幕帘里埋伏了几个刀斧手。

仇士良一看不好，急忙退出，奔向唐文宗那里，李训一看仇士良要逃走，连忙大喊："快来人去保护皇上，有功的，每人赏钱一百贯！"士兵们一听，都挥舞着刀斧冲上殿来。这时仇士良和其他宦官们已经把文宗拉进软轿，正要抬走，李训赶上前来，拦住轿子，大声说："陛下请勿退朝，臣等还有要事禀报！"

就在双方僵持不下时，韩约的禁卫军已经冲到殿上，挥舞着刀剑向宦官们砍去，宫廷内外，鲜血四溅。受伤的宦官大声呼喊着救命。仇士良正与李训搏斗，不慎跌倒在地，李训拔刀就要向仇士良砍去，仇士良的禁卫军闻讯赶到，立刻将仇士良救起。李训正要往上冲，几个禁军上来，几拳就将李训打倒在地，接着一边与韩约的属下展开血战，一边护卫着仇士良，将文宗抬到内宫去了。

李训一看大势已去，赶紧换上了一件便衣，趁乱逃走。仇士良立即派兵出宫，大规模逮捕所有参加谋反的官员，扬言只要抓到反贼，就地正法，于是大开杀戒。仅仅一天，就杀死了六百多名大小朝臣。李训东躲西藏，实在走投无路，最后在路上被围捕的士兵杀掉。这时，郑注正从凤翔带着一小队兵马进京，突然听到消息，马上退了回去，谁知在劫难逃，被杀红了眼的仇士良下了密杀令，随即被杀。

唐文宗和李训、郑注密谋剿灭宦官的计划，由于百密一疏，该出手时没出手，丧失了最佳时机，结果李训、郑注、韩约等朝廷重臣都被宦官一一杀死，他们的家人随后受到株连而遭灭门。

二五〇

这次事变后，受此牵连相继被杀戮的多达一千人以上。历史上把酿成这次惨案的事件称为"甘露之变"。

这次事变后，宦官们把唐文宗严密地监视起来，唐文宗失去了几位可以说说心里话的亲信臣子，又被独自软禁在宫中，就这么熬了五年，最终抑郁而死。那个继续把持朝政、指点江山的宦官仇士良，随后拥立唐文宗的弟弟李炎为皇帝，就是唐武宗。

第四十一章 朋党相争

唐宪宗在位（805年—820年）的时候，有一年，长安举行考试，选拔直言敢谏的人才。在参加考试的人中，有两个小官，一个叫牛僧孺，一个叫李宗闵。两个人在考卷里各自针砭时弊，批评了朝政人浮于事的现象，指出了施政中的不少弊病。考官们阅卷后，认为这两个小官阐述的观点鲜明，切中要害，比较符合选拔的条件，就把他们推荐给了唐宪宗。

由此可见，唐朝的选贤任能的科举制，给出身低微的读书人创造了进入仕途的机会。但这一举措激起了养尊处优的士族们强烈的不满。于是，一场不可调和的政治斗争在两类文人之间针锋相对地展开。书生牛僧孺、李宗闵在不知不觉中陷入了党争的泥潭。

当时的宰相叫李吉甫，出身士族，一向瞧不起科举出身的官员，认为他们源于草根，血脉卑贱。如今看到出身低微、官职低下的二人居然敢批评朝政，甚至还贸然指出他这个宰相的短处，一时恼羞成怒，马上编出了一套瞎话，报奏唐宪宗："陛下，这牛僧孺、李宗闵二人蔑视朝廷，却被推举上来，实在是事出有因。据微臣了解，他们和考官有私人关系。"

唐宪宗一听，竟然信以为真，心想，两个无名小官胆敢蔑视朝廷，火就上来了。李吉甫一看有门儿，趁机火上浇油，惹得宪宗大怒，立刻把几个考官都降了职，李宗闵和牛僧孺非但没能受到提拔，反倒被列入了取消考试的黑名单。

唐穆宗在位（820年—824年）期间，又举行了进士考试。有两个大臣因为自己有亲戚参加考试，就私下去找考官钱徽疏通关系，没想到钱徽不吃这一套，断然拒绝了。这两个大臣碰了一鼻子灰，心想：哼，走着瞧！偏巧李宗闵也有个亲戚参加了这次考试，并且还被选中了。这两个大臣就拿李宗闵说事儿，一齐报奏唐穆宗，诬告考官钱徽徇私舞弊。

当时任翰林学士的李德裕（宰相李吉甫的儿子）一听，原来是当初指责过他爹的李宗闵的亲戚入考过了关，气就不打一处来，急忙在一旁证实说："陛下，的确有这样的事。家父曾经就认为李宗闵他们来路不正！"唐穆宗一定没读过战国时代有个"三人成虎"的故事，一看已经有三个大臣做证，不用说，已是铁板钉钉的事情，结果立刻把钱徽降了职，李宗闵也无端受到牵连，被贬到边远的外地。

　　李宗闵认为李德裕延续了他爹对寒门弟子的成见，这次又是成心打击报复他，气得牙齿咬得咯咯响，旧恨新仇积聚在心中，死活也得报复一下。牛僧孺得知后，十分同情李宗闵的遭遇。此后，他们就跟一些科举出身的官员结成一派，李德裕也跟士族出身的官员结成一党，双方嫉恶如仇，明争暗斗，互不相让。

　　唐文宗（827年—840年）即位后的十四年里，一直是宦官当道，李宗闵心想，君子报仇，十年不晚，当下只有依靠宦官，才能往上攀升。不久，靠着宦官的举荐，李宗闵终于当上了宰相，他心想，机不可失呀，就在文宗面前三番五次地推荐牛僧孺。唐文宗认为宰相推荐的人才应该错不了，于是就任命牛僧孺同为宰相。牛僧孺和李宗闵两人曾经都被李德裕父子打压，如今大权在握，总算到了该出口恶气的时候了。于是合力排挤李德裕，终于把他挤出京城，调到西川（今四川省成都市）当个节度使。

　　那时，西川附近有个吐蕃将领前来投降，李德裕趁机收复了一个重镇维州（今四川省理县）。这本来要算李德裕立下的功劳，但是牛僧孺被曾经无端落榜的阴影笼罩了几十年，至今心存怨恨，于是不紧不慢地跟唐文宗说："吐蕃疆域辽阔，只不过得到了一个维州，实在不算什么。如今重要的是吐蕃正在和我们交好，在这个节骨眼上要是接纳了该国的叛臣，必定会惹怒对方，使两国关系紧张化，甚至会导致战争。所以说，即便得到维州城又有什么益处呢？"

　　一番话不管怎么听，都是从大局着想，说得有理有节，天衣无缝。此时的牛僧孺，终于等来了机会，把他多年积压的怨气，在皇帝跟前儿一股脑儿地吐了个干净，心里别提多痛快了。唐文宗呢，就怕打仗，一心只想求太平，于是下旨传令李德裕，叫他把维州城再退还给吐蕃。李德裕听完宣旨，气得差点儿晕过去。

后来，有个大臣实在看不过去，就对唐文宗实话相告，说："禀报陛下，当初退还维州城的确是失策，这件事完全是牛僧孺排挤李德裕所用的诽谤手段。"唐文宗听了非常后悔，一气之下，就将牛僧孺贬出京城，调到外地做官，同时又将李德裕从西川召回京城任职。朝臣们看到唐文宗此时用牛僧孺，彼时又用李德裕，原来是个毫无主见的皇上，不禁纷纷摇头叹气。

在世人眼里，晚唐的朝廷一派掌权得势，另一派就被打压出京。两派势力轮番上阵，朝野上下也跟着亦步亦趋、忽左忽右，众臣形成了人人自保的状态，唯恐深陷泥沼。

人们不禁要问，如果缺少了君威就会产生党争的话，为什么其他朝代没有产生如此规模的党争呢？这只能归咎于那些影响唐代历史进程的宦官。在甘露之变时，掌握着神策军的宦官一天之内居然杀掉了六百多名朝官！足以说明中晚期的唐朝大权，已经牢牢地掌控在宦官的手中，为此，以往朝臣的制约作用被大大削弱，导致了唐代朋党之争的恶性循环。

唐代党争已完全演变成一场尔虞我诈、争权夺利的政治斗争，致使朝政风气败坏，传统儒家文化的发展受到极大的阻碍。中国古代士大夫原有的君子品格，在走向消失。在他们心灵深处原有的那一片净土，最终被权力的黑手染指，身不由己地被捆绑在你

故事里的中国历史

死我活的宫斗中。到了这个时候，君子士人本应具有的文化素养已经黯然失色，尤其在刀光剑影的党争旋涡里，又如何能够朝着"心系社稷、以人为本"的方向发展呢？这正是唐代党争所产生的人性悲哀。

文宗死后，武宗即位。牛僧孺、李德裕两派为了争权夺利，明争暗斗了几十年，非但无视宦官的顽疾所在，反而越发百般地讨好起宦官来。当李德裕做淮南节度使的时候，出任监军的宦官杨钦义准备奉旨回京城，左右对李德裕说，杨钦义回去后肯定会掌权。李德裕心知肚明，就在杨钦义临行前，主动热情地宴请他，还私下送给他一份厚礼。杨钦义满心欢喜地回到京都，就在唐武宗面前竭力推荐李德裕。唐武宗同样听信宦官所言，就让李德裕当了宰相。掌了权的李德裕，又重蹈覆辙，开始竭力排斥牛僧孺、李宗闵，想方设法罗织各种罪名，最后把他们都贬谪到了南方。

李德裕得到唐武宗的宠信，当了几年宰相后，变得牛气冲天，处处独断专行，引起了朝臣们的怨恨。公元846年，唐武宗病死了，宦官们又拥立唐武宗的叔父李忱（chén）即位，就是唐宣宗。唐宣宗多年来眼瞧着李德裕在朝廷上一招一式地弄权，对他十分反感，为此即位第一天，就撤了李德裕的宰相职务。过了一年，唐宣宗又把李德裕贬谪到了崖州，索性让他离得远远的。

始于唐宪宗时期的朋党之争，折腾了整整四十年之久，一直到唐宣宗时期才算是草草收场。此时的晚唐，早已元气大伤，逐渐堕入风雨飘摇、日落西山的地步了。

第四十二章 会昌法难

自从唐朝立国以来，历代君主都对佛教予以极高的崇敬和大力提倡，到了唐代中期，佛教的影响力越来越大。善男信女们捐的香火钱及供养费都归地方官吏和寺庙所有，这样一来，地方政府和寺庙都提倡剃度僧尼，以增加收入。因此，很多人为了逃避赋役，跑到寺庙里出家为僧，进入庵门削发为尼，由此导致僧尼的数量越来越多。而寺庙的土地不用纳税，僧尼无须参加生产劳动，统统依靠农民供养。久而久之，严重影响到唐朝中央的财政收入，形成社会经济负担过重的状况。唐武宗本是一个虔诚的道教徒，他一即位，就开始筹划如何灭佛。

会昌法难指的是唐武宗李炎在位期间（840

年—846年）所推行的一系列"灭佛"政策，以会昌五年（845年）四月颁布的敕令为高峰。这一事件使佛教在中国受到严重打击，史称"武宗灭佛"。因唐武宗年号为"会昌"，又称为"会昌法难"，它与此前北魏时期太武帝灭佛、北周武帝灭佛和后来的后周世宗灭佛并称为"三武一宗"的灭佛运动。

唐武宗李炎是唐文宗的弟弟，唐穆宗的第五个儿子。唐武宗即位后，就想永远坐在皇帝的宝座上。怎样才能长生不老呢？道家提倡的修仙长生，就成了唐武宗追求青春永驻的目标。他对唐宪宗、唐穆宗因服金丹而死的事件嗤之以鼻，认为他们追求长生，由于不得法才暴毙。他深知求长生是要有很多讲究的，具体方法必须得在道士的指点下才可进行。于是，他拜了知名道士赵归真为师。

宰相李德裕觉得老道是在故弄玄虚，就劝告武宗说："赵归真是一个自大妄为的人，陛下不宜跟他过于亲近。"唐武宗哼了一声，说："我只不过闲来无事解解闷，与他谈谈道法而已，爱卿放心，哪怕有一百个赵归真，也不能迷惑朕呀。"

唐武宗嘴上这么说，其实心里早已被赵归真迷惑了。为避开朝臣的指责，他在长安南郊建造了一座望仙台，经常出宫去接受赵归真的指教。赵归真担心自己一个人炼丹责任重大，就向唐武宗介绍了罗浮山的道士邓元起，举荐他有长生不老的方法。唐武宗一听正中下怀，急忙派人将邓元起接入宫中。

次日，赵归真和邓元起一合计，就双双挂炉点火，给唐武宗炼制长生不老的丹药，唐武宗服用后，感到精神亢奋，浑身精力充沛。但是时间一长，他的身体却渐渐枯瘦下去。他的妃子见了直着急，说他面容憔悴，眼神无光，劝他再也不要服用丹药了。武宗笑嘻嘻地说："哈哈，你不懂，我要的就是脱胎换骨。"没多久，武宗的身边就聚集了大批来自各地云游的道士。

随着佛教的迅速发展，当时有不少拥有土地的达官显贵及豪门大臣，都面临缺乏劳动力而导致自身收益减少的境地，为此，他们愤愤不平地认为，佛教的快速膨胀已经大大削弱了国家经济的发展，因此不断谏言上书，建议皇上取缔佛教。

那时正处于唐代后期，道教和佛教为争夺信徒对抗激烈，赵归真、邓元起二人为尽快使道教取得独尊的地位，就纷纷对唐武宗说："佛教并非源于中国，如今它膨胀到了劳民伤财的地步，就应该取缔。倘若陛下不除佛教，就不能体现笃信道教的诚意，而诚意不足，陛下恐难长生不老啊！还请陛下明鉴。"武宗听了连连点头。

由于朝廷上下排斥佛教的呼声越来越高，武宗更加坚定了灭佛的决心。在道士赵归真和大臣李德裕的鼓动下，于会昌五年三月，敕令（chì lìng）天下，不准继续扩建寺院。同年四月，下令清查所有寺院僧尼与奴婢人数，通报寺院财产的详细数目。五月，规定帝都长安只能保留四座寺庙，每寺留僧十人；洛阳左右主街各留二寺，每寺留僧人各二十名；天下各州郡只留一寺。并规定寺分三等：上寺二十人，中寺十人，下寺五人。

到了八月，唐武宗诏令天下各寺限期拆毁。诏令颁布后，天下共毁寺庙四千六百多所，拆兰若（泛指一般佛寺）高达四万所。

拆下来的各种寺院材料，将用来修缮朝廷管辖的沿途驿舍。贵重的金银佛像，一律上交国库，不得私存。铁像统统回炉，用来铸造农具。大小铜像及挂钟、铜磬用来铸造钱币。没收寺产良田数千顷，没收奴婢十五万人，将他们指定为上缴两税的农户。另外，迫令还俗的僧尼共二十六万余人，释放供寺院役使的民工五十万人以上。朝廷通过半年来的灭佛运动，得到了大量财物、土地和纳税户。

唐朝后期的牛李党派，他们在对待佛教和道教的态度上，也是泾渭分明。李德裕在浙西做官时，由于反对佛教，曾拆毁寺庙一千四百余所；在西川任节度使期间，也曾将毁寺后的土地分给了当地农民。会昌年间的灭佛运动，唐武宗得到了李德裕的积极配合，从中央到地方始终在协同进行。

经过这次长达六个月的灭佛运动，全国佛教寺院中大量财产被无条件剥夺，僧尼被强制还俗，寺庙频遭废弃，佛经典籍散失焚毁，可以说损失惨重。佛教势力因失去往日宽裕的生存条件，由极盛很快走向了衰微。由于大量僧尼还俗，寺庙土地与财富收归朝廷所有，客观上减轻了百姓供养僧尼的经济负担。

从会昌法难的得失中，可以看出中国传统的中央政府尽管对宗教加以利用，但始终在刻意维持着自身的皇统地位，并保持对宗教势力的有效遏制。无论是君主、宦官还是权臣当道，都离不开中央朝政的大一统帝制。这是中国古代社会历朝历代所沿袭的唯皇权至上的集权特征，这种特征，使以往的中国社会不得不心悦诚服地仰视至高无上的皇权。

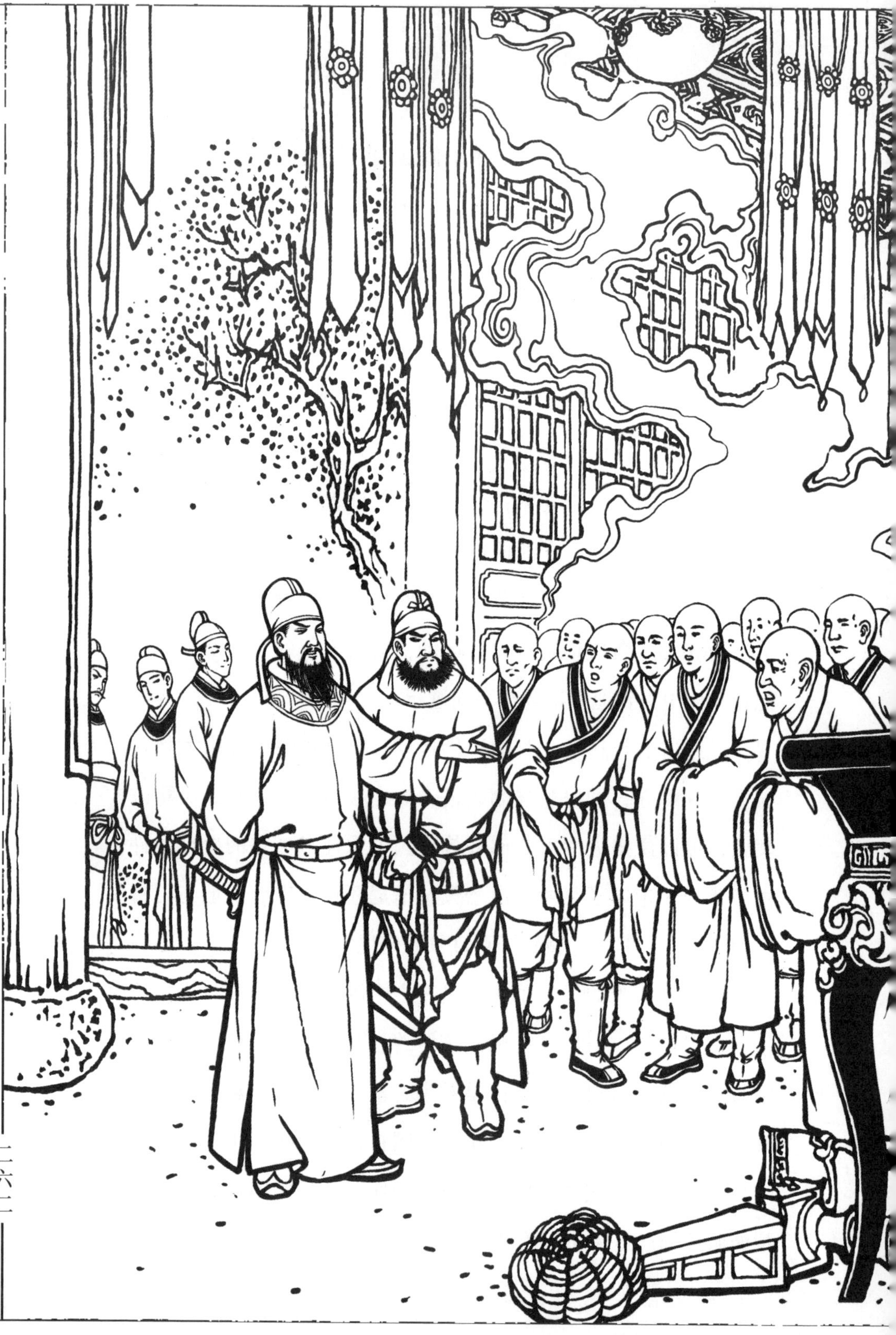

第四十三章 口吃皇帝

唐宣宗李忱是唐宪宗第十三个儿子，唐武宗的叔叔。唐武宗病重期间，一直没有立太子。会昌六年（846年）三月，武宗病危，留下的五个儿子年纪都还小。宦官们想利用这个机会，选择一个比较听话的皇帝，于是就想到了李忱。为什么会选择李忱呢？原来，李忱从小口吃严重，又常斜着眼看人，一副呆呆傻傻的样子。宫里人都叫他"痴儿"。宦官仇公武等人认为还是李忱容易拿捏，就把他立为皇太叔，成为新的皇位继承人。

按照大唐祖制，李忱原本没有继位的资格。因为他既不是皇长子，又不是正妻的儿子。他的母亲郑氏只是一个普普通通的宫女，要不是皇帝酒后失态，恐怕宫廷里不会存在李忱这个人。由于李忱的身份低下，在诸多皇子中，他是最不招人待见的。一旦有哪个兄弟靠近李忱，多半是为了嘲弄和取笑他而已。

为了避免被无端地捉弄，年幼的李忱学会了用眼睛去观察周围的人，学会了只有装傻充愣才是保护自己的最好方法。由于李忱极少与人交流，连他老爹见了他都没好气，可是又不得不认这个儿子。这个看起来呆傻痴蔫儿的李忱，在宫里头一待就是三十年。

唐武宗在位的时候，老觉得这个"痴儿"叔叔是在装疯卖傻，经常试探着欺负他，看看他有什么反应。但无论武宗怎么变着花样羞辱他，李忱就跟没事儿人似的，从来不跟这个皇帝侄子计较。正是由于这个原因，宦官们才觉得李忱是继承皇位的不二人选。

公元846年三月，武宗驾崩，三十七岁的李忱登基称帝，即唐宣宗，成为唐朝第十六位皇帝。

李忱即位以后，立刻口也不吃、眼也不斜了。到了上朝时，对待朝臣如同宾客，谈笑风生，从来不知疲倦。处理起政务，更是律法严明，有条不紊。这个昔日不起眼的皇太叔，不但让宦官们看傻了眼，朝臣们也不禁面面相觑，惊奇不已。到了这会儿他们才明白，原来李忱一直是装傻，从此谁都不敢小瞧他了。

李忱一边勤于政事，一边阅读《贞观政要》，在努力效法前朝太宗执政的做法，着力改善中唐以来所遗留下来的种种社会问题。宣宗针对武宗曾在全国范围内进行一刀切的灭佛运动，做了及时调整，以放弃朝廷吸纳寺院经济利益为前提，适当放宽对佛教的政策，来争取信仰佛教的朝臣以及广大民众的支持，使佛教从一度萎缩的状态得到了缓解和复苏。宣宗通过争取民心来巩固登基后的政治基础，以达到加强皇权的目的。

面临百废待兴的晚唐，宣宗全盘否定了武宗的一切施政方针，为了尽快制止牛李党争的混乱局面，罢免了李德裕的宰相职位。对于不法权贵、外戚势力给予了坚决打击。他把死于甘露之变的百官全部昭雪，并对他们的家属进行安抚，从而抑制了一度膨胀的宦官势力。

宣宗对内勤俭治国，体恤黎民百姓，减少赋税兵役，注重人才选拔。在对外防御上，李忱不断派兵击败吐蕃、回鹘、党项、奚人等外夷，收复了自安史之乱以后被吐蕃占领的大片失地。至此，唐朝国力逐渐有所恢复，百姓的日子也开始好过起来，使得本已走向低谷的国家呈现出"中兴"的小康局面。历史上把这一时期称为"大中之治"。

宣宗在考虑宰相的人选时，第一个想到的就是白居易。等颁下诏书时，白居易已经去世八个多月了。唐宣宗听到这个消息，悲痛万分，随后写下了这首《吊乐天》：

缀玉联珠六十年，谁教冥路作诗仙。

浮云不系名居易，造化无为字乐天。

童子解吟长恨曲，胡儿能唱琵琶篇。

文章已满行人耳，一度思卿一怆然。

一番感慨后，唐宣宗起用了白居易的堂弟白敏中做了宰相。

唐宣宗不但崇尚节俭，而且以身作则，平时在宫中经常穿着旧衣服，在饮食上也从不挑剔，以反对铺张浪费。大臣们一看皇帝都这么节俭，谁也不敢再讲排场，反而学着皇上的样子，在朝中形成了节俭的良好风气。

唐宣宗对子女的要求也很严格。当他的长女万寿公主下嫁给起居郎郑颢（hào）时，依照惯例，一向都是用白银装饰的车辆载着公主出嫁，宣宗却打破常规，明令改银为铜，以此节俭行动来昭示天下。出嫁那天，他嘱咐公主应谨守相夫教子的妇道，不可瞧不起丈夫家的人。有一次郑颢的弟弟得了重病，宣宗派人前去探望。派去的人回来后，宣宗问起公主当时在哪里，派去的人回答说她在慈恩寺看戏。宣宗听了很生气，说："怪不得！我常纳闷儿士大夫家为什么不想与皇家结亲，唉，现在才搞明白。"

宣宗随即将公主召来，当面斥责她："小叔子病重，作为嫂子不去探望，已经很差劲了，怎么还有心思跑去看戏呢？"公主自知理亏，赶紧向父皇道歉，此事一度在朝廷内外传为佳话。此后，地位显赫的皇亲国戚，也都不得不放下身段，自觉地遵守礼法，不敢骄横放肆。

善于纳谏，是李忱区别于晚唐时期其他君主的一个重要特征。一日，他读完书后，就想到唐玄宗修缮的华清宫去放松一下。作为古代皇帝，想去游玩一下无可厚非。而谏官们对前朝那个导致国破山河碎的贵妃娘娘记忆犹新，纷纷上奏谏文，只见行文各有千秋：不是由表及里，娓娓道来，阐述得失；就是以古论今，一针见血，切中要害。宣宗刚看了几本奏文，内心就开始发紧，还没阅完就感到一股寒气袭来，不禁胃口倒足，哪里还有去华清宫放松的兴致？于是赶忙摆了摆手，取消了行程。

唐太宗纳谏，得了一代忠臣魏徵；李忱纳谏，得了魏徵的五世孙子魏谟（mó）。魏谟是唐宣宗读《贞观政要》后，思慕魏徵，在他的后裔中寻找来的。魏谟一入朝廷，同魏徵一脉相承，再现了敢言直谏的作风。李忱登基后，为了振兴大唐的江山社稷，不断提醒自己要勇于纳谏，于是鼓起勇气拜魏谟为宰相。当其他宰相进谏时，唯恐君主不高兴，表述的言辞都比较委婉含蓄，唯独魏谟开门见山，毫无忌讳。为此李忱时常感叹："难得魏谟承袭了祖辈风骨，虽言辞犀利、入木三分，然忧国忧民之心可见一斑哪！唉，不得不令朕从心底里感到钦佩。"

847年唐宣宗即位后，经过一番对朝政内部的整顿，然后就看准了机会，下诏命唐军大破北狄，从而稳定了北方。这是继会昌时期唐军大破回鹘以后，又一次对北方游牧民族取得的军事胜利。此后，北方再也没受到较大的军事威胁，边地侵扰终于得到了彻底的平定。紧接着，又收复了曾沦陷于吐蕃的三州（原州、安乐州、秦州）和七关（石门、驿藏、木峡、制胜、六盘、石峡和萧关）等地。在驱逐吐蕃、收复河西的一系列战斗中，极大地鼓舞了河西各族人民反抗吐蕃统治的斗志。

李忱每次在退朝后，习惯独坐在殿中读书，有时读到深夜，直至蜡烛燃尽才歇息。长此以往，被宫中称赞为"老儒生"。宣宗在位期间，励精图治，攘外安内，做到了外无边患、内无战乱。他在整治朝政的过程中，勇于纳谏，明察慎断，众臣赞誉他为小太宗。在唐朝的中后期，人们都说宣宗是一位比较贤明的君主。

然而，这位被世人看好的唐宣宗，在立储问题上却飘忽不定，以致他驾崩后出现了混乱局面，宦官集团趁机卷土重来，将唐朝又一次推入覆灭的深渊中。

原来，在唐宣宗的十二个儿子中，按帝制作为储君的只有长子郓王李温（郓yù），而宣宗觉得四子李滋各方面都很像自己，因此非常看好他，很想立四子为太子。可他又总犯嘀咕，认为一旦废长立幼，难免有违祖训，会惹来朝野上下一片闲言碎语。为此，一直到死前都没能做出立储的决定。结果"当断不断，必受其乱"，在他驾崩以后，担任左神策护军中尉的宦官王宗实，仍掌控着宫廷禁军的权力，于是率部迎接郓王李温，拥立他为皇帝，即为唐懿宗。

不料长子李温并非皇位的最佳人选，他在位期间，荒淫无度，终日沉湎酒色，导致朝政腐败，日渐衰微。使唐宣宗曾经力挽狂澜、辛辛苦苦开创的"大中之治"付之东流，唐朝又重新陷入风雨飘摇的晦暗局面。

令世人扼腕叹息的是，一代明君由于在立储问题上举棋不定，以致被宦官再度篡权，最终发展到断送了整个王朝！

第四十四章 金甲满城

公元873年，唐懿宗驾崩，僖宗即位时还是个十二岁的孩子，整日迷恋着玩耍，根本管不了朝政，宫廷大小事全都听凭宦官掌控。这次宦官们采取了废长立幼的做法，没有选择懿宗的长子而偏偏挑中容易把控的僖宗，可见宦官的做法历来都是为己所用的。

僖宗在位期间，最信任的宦官就是田令孜，由于从小在田令孜的照料下生活，就对他非常依赖，并称呼他为"阿父"。他出生后一直在宦官身边长大，早已被宠惯成一个终日无所事事、一心追求享乐的皇帝。僖宗即位后就任命"阿父"做了神策军中尉。于是，僖宗临朝的一切重大决策，都牢牢地掌控在这个"阿父"田令孜的手中。

唐朝后期，由于中央与藩镇，以及藩镇之间的连年战争，皇室、官僚和地主变本加厉地对农民进行剥削，徒增百姓的赋税；朝中宦官照例有恃无恐地强占土地，勒索农民钱财，由此引起了百姓极大的怨愤，各地的反抗斗争此起彼伏，天下又不太平了。

起义大军爆发于公元875年，在各路义军中，最著名的是濮州（今河南省濮阳市范县濮城镇）人王仙芝和冤句（今山东省曹县西北；句 qú）人黄巢。王仙芝曾经出没于江湖，以贩卖私盐为生。黄巢从小喜爱读书，能骑善射。黄巢曾经到京城长安去参加进士考试，可是考了几次都名落孙山。当他看到朝廷的腐败与黑暗，感到失望透顶，愤然写下了《不第后赋菊》七言诗一首，把自己比作将要盛开的菊花，预示着将来一定要推翻腐朽王朝的决心：

待到秋来九月八，我花开后百花杀。

冲天香阵透长安，满城尽带黄金甲。

为了加强力量，黄巢和王仙芝两支起义队伍会合在一起，共同转战山东、河南一带，一连攻下了许多州县。声势浩大的起义风暴，席卷大江南北，震慑得朝廷上下人心惶惶。僖宗感到十分紧张，当下的燃眉之急，是为了逃离长安做准备。

在他逃离前，不知任命谁来当剑南（今四川省成都市）以及山南道（今湖北省襄阳市）的节度使，一琢磨，竟然用打马球赌输赢的办法，来决定任命人选，朝臣们对此哭笑不得。此时形势越来越紧迫，当起义军攻下蕲州（今湖北省蕲春县；蕲 qí）的时候，众臣都惧怕打仗，他们一合计，就想出一个馊主意：派宦官到蕲州去见王仙芝，并封给他一个大官做，打算收买他。王仙芝一看

隋唐故事

能做大官，就动了心，打算接受朝廷招安。

黄巢得知消息后，气愤地带了一群起义将士赶到蕲州，怒指着王仙芝说："大家当初山盟海誓，要同心协力平定天下，现在你背信弃义，想去当狗官，这不是出卖我们弟兄吗？"

王仙芝还想辩解，被愤怒的黄巢一拳打倒在地，满脸是血。旁边的起义将士也气不过，你一言、我一语地责骂王仙芝。王仙芝自知理亏，爬起来赶忙认错，并把唐朝派来的宦官赶跑了。

经过这番波折，黄巢决定跟王仙芝兵分两路，各自进军。王仙芝向西，黄巢向北。不久，王仙芝率领的起义军在黄梅（今湖北省境内）被唐军打败，他自己也在混战中被杀。王仙芝的队伍失败后，两支起义军重新整合，大家推举黄巢为王，称他为冲天大将军。

黄巢选择官军兵力薄弱的地区，率兵南下。兵临广州时，攻杀了岭南东道节度使李迢；再挥师北上，直入扬州，击败了淮南节度使高骈。然后顺利渡过淮河，向沿途官军发出檄文说："你们尽管各守各的地界，只要不触犯义军，就不会被攻击。我们将进攻洛阳，直取长安，义军只向皇帝老儿问罪，不干你们的事！"

驻守各地的将领一接到檄文，都想保存自己的实力，不愿再为唐王朝卖命。义军对唐军的分化瓦解，效果显著，全军兵马过了一关又一关，如入无人之境。公元880年十一月，黄巢迅速占领了洛阳，唐军只得退守潼关。十二月，起义军挺进到潼关城下，由于黄巢亲自上阵指挥，全军士气高昂，只用了三天工夫，就攻下了潼关，然后直捣长安。

僖宗急得束手无策，当着朝臣的面直哭。宰相卢携见皇上都哭成了泪人，自己也被吓得直哆嗦，抱着脑袋跑来跑去，谁都拦不住，最后一头撞在朝堂的大柱上，断了气。"阿父"田令孜一看苗头不对，匆忙率领五百名神策军，簇拥着僖宗和少数宗王，连夜逃离京城，途经山南（陕西汉中）时已经累得不行，只好停下来喘会儿气，紧接着又逃往四川。

只见僖宗步玄宗后尘，成为第二个逃往四川避难的唐朝皇帝，令后人唏嘘不已。为此唐末诗人罗隐有感而发，写下了《帝幸蜀》一诗，作为对此事的暗讽：

马嵬山色翠依依，又见銮舆幸蜀归。

泉下阿蛮应有语，这回休更怨杨妃。（阿蛮是唐玄宗小名）

另有一位号称"秦妇吟秀才"的唐末进士韦庄，在他的《立春日作》里也有着同样的嘲讽：

九重天子去蒙尘，御柳无情依旧春。

今日不关妃妾事，始知辜负马嵬人。

唐僖宗躲进四川不久，起义军攻进长安，黄巢在长安大明宫即位称皇帝，国号"大齐"，年号"金统"。

在这期间，逃过一劫的僖宗得到了喘息。四年来，他再也无心玩耍了，他利用川中物产丰富的地理环境，加上周边各地的进献，开始组织对黄巢的进攻。各地节度使在僖宗的诏令下，积极组织对黄巢的反击。出身沙陀族、能征善战的河东节度使李克用，也率兵前来援助朝廷。

此外，被僖宗委以京城四面行营都统的凤翔节度使郑畋(tián)，得到了皇上手谕"便宜从事"（成语，不须请示，自行处理）的权力，更是积极组织兵将围攻长安。那些首鼠两端的藩镇，见各路大军要围剿黄巢，一琢磨，眼前的大唐毕竟还是皇上的天下，也开始主动向朝廷靠拢。

起义军由于总体缺乏推翻朝廷的意志，将领们又存在各自占山为王的心思，以致军心涣散，加上军粮不足，很快在内部产生了分歧。此时，一些将领偏偏又接受了朝廷招安，形势随即发生了逆转。尤其是黄巢派驻在同州重镇的防御使朱温，于公元882年九月投降了朝廷，这使僖宗喜出望外，给朱温赐名朱全忠。僖宗哪里会想到，唐朝的江山社稷，最终会被朱全忠葬送了。

几十万起义军在沿途攻下的各个郡县城池中，居然都没有派兵驻守。进入长安以后，更没有把周边隐藏着的伺机反扑的官兵势力放在眼里，那么起义军还没有坐稳江山，又在忙什么呢？原来，大家都在忙着封官加爵，忙着占山为王，忙着享受富贵。没过多久，唐王朝调集的各路节度使兵马，严严实实地包围了长安城。

公元884年，在降将朱温与河东节度使李克用的双重攻击下，黄巢义军节节败退，最后，黄巢退到了山东济南的狼虎谷，他自知亡日已近，仰望长天，无奈地吟诵起那首《不第后赋菊》："待到秋来九月八，我花开后百花……哎！"刚诵了不到一半，就被吹来的山风哽住，随后，走进一片荒无人烟的山谷里，毅然自尽了。

黄巢起义虽然失败了，但风起云涌的反抗浪潮着实给了唐朝统治者一记重创，昔日辉煌的大唐帝国，余下的日子已经不多了。

第四十五章 唐朝灭亡

唐朝经过黄巢起义军的打击,元气大伤,近三百年来的基业已经丧失殆尽,荡然无存。而各地藩镇在镇压起义的过程中,互相争夺地盘,趁机扩大势力,成为雄霸一方的军阀,其中最强大的要数宣武节度使朱温和河东节度使李克用。

朱温出身贫寒,为了改变命运,他加入了黄巢起义军,并很快成为起义军中的将领。黄巢占领长安后,朱温负责防守东线,结果多次被唐军击败。由于黄巢没有派兵去救援,他从此怀恨在心。当起义军面临危急关头,朱温背叛了黄巢,率军投降了唐朝。唐僖宗封他做了大官,从此,朱温成了镇压起义军的一支有生力量。

有一次,汴州遭到了黄巢义军的攻打,朱温

急忙向李克用求救。李克用率兵打败了义军,回到汴州城,朱温设宴答谢李克用。酒过三巡,李克用带着醉意瞟了一眼朱温,得意地说:"今番若不是兄弟我及时相救,恐怕阁下已经做了黄巢的阶下囚啦。"说完哈哈大笑,当众自斟自饮起来。不料醉醺醺的一番话,惹得朱温恼羞成怒,竟为此起了杀心。他趁李克用喝得酩酊大醉、人事不省时,暗中派兵把驿馆紧紧围住,想借此机会杀了李克用。

李克用身边的十几个能征善战的太保,一看苗头不对,拼命挥舞着刀剑,护着李克用冲出驿馆,众兵一看对方武艺高强,出手狠辣,谁也不愿白白送死,因此没人敢上前阻挡。李克用在太保们的奋力保护下趁机逃脱,总算捡了条命。

李克用虽然躲过了此劫,但一直惊魂未定,从此跟朱温结下了不共戴天之仇。从此,这两支镇压起义军的割据力量较上了劲儿,互相不断撕打,而朱温的势力逐渐占了上风,李克用只能保住原有的河东辖区。

这时,唐僖宗病死了,唐昭宗即位。昭宗对宦官们历来一手遮天的行径,感到深恶痛绝,昭宗登基后就一心想除掉他们。他让宰相崔胤(yìn)给朱温写信,让他带兵上京。宦官头子韩全海听说朱温带兵要来长安,马上把昭宗劫持到凤翔节度使李茂贞那里。朱温闻讯,率大军包围了凤翔。

凤翔城被朱温围困长达八个月之久,最后,天下大雪,城里断粮,饥寒交迫的百姓和兵士,每天都有人倒下,渐渐地尸横遍野。李茂贞感到焦头烂额,心想再硬扛下去,只有死路一条,只好在城头挂出白旗投降。

朱温终于把唐昭宗抢了过来带回长安，但围城误了他八个月，想起来就恨透了这帮宦官。公元904年，迁都洛阳后，他把城内的数百名宦官全部杀光，即使在城外的宦官也不放过，统统被就地正法。至此，宦官专权的朝政宣告结束，朱温成为执掌朝政的核心人物。

唐昭宗被迫迁到洛阳后，唯一的希望就是下密诏给各地的藩镇军阀，企盼他们能尽快来洛阳救他。朱温听到这个信儿，心想，光杆儿皇帝不好好待着还想别的？于是立刻把唐昭宗杀了，另立昭宗十三岁的儿子李柷（zhù）来接着当傀儡皇帝，这就是唐昭宣帝。

朱温杀了昭宗，担心朝臣会群起攻击他，正在犯嘀咕，有个绰号叫猫头鹰的谋士李振，由于多次没能考上进士，认定是这帮朝臣挡了他的仕途，因此恨死了这批大臣，如今李振一看机会来了，就向朱温建议说："这批自命不凡的大臣，平日以'清流'自诩，您要干大事，可这帮人巧舌如簧，最难对付，他们才是您真正的拦路虎，为除后患，应该把他们统统扔到浊流（指黄河）里。"

朱温听了冷冷一笑，不免有些得意起来，乘机试探着问："你说得没错，可这么多大臣，又没犯什么死罪，总不能把他们都杀了吧？"

李振紧接着回答："除与不除还不是您一句话的事儿，留着他们终究是祸患。将军要称帝，就得无毒不丈夫！在此关键时刻，可不能行妇人之仁啊！"

朱温听完眼睛一亮，喊了声："中！"于是就在一个月黑风高的夜里，命刀斧手们挨家挨户，把三十几名大臣全杀了，趁着天黑，将尸体统统扔到了黄河里。

此时浩浩荡荡的农民起义，已经给垂死挣扎的晚唐以致命的一击。摇摇欲坠的唐朝，已经完全失去了对地方的控制。公元907年，朱温逼迫唐昭宣帝禅位，自立为帝，改国号为"梁"，定都汴（今河南省开封市），史称"后梁"，被称为"后梁太祖"。至此，近三百年的唐王朝就这样灭亡了。

这个曾经开辟了贞观、开元两个黄金时代的盛唐，历来为史学家们所称颂乐道，如今就这么覆灭了，殊不知它灭亡的真正导火索，却是在遥远的岭南桂林这个地方，而不是直接起因于那些藏龙卧虎、割据林立的各地藩镇，这是怎么回事呢？

原来，在唐代后期懿宗年间，云南有一个称为南诏的地方割据势力，趁着天高皇帝远的地理优势，大搞武力侵吞，使得南诏相邻的岭南地区百姓深受其害。

为了平息南方的战乱，徐州节度使孟球奉命在徐州一带招募了两千士兵到南方充当驻军，其中有八百人就驻扎在桂林，担负守卫城池的任务。按照唐代的军制惯例，地方驻军应是三年一换，这样，驻守边疆的士兵们才有个回乡的盼头。可偏偏主管驻军换防事务的尹癸戈玩忽职守，由于没有筹集到相应款项，延误了军队换防日期。为了掩饰自己的过失，尹癸戈居然武断地下令，命令驻守岭南的这些徐州士兵，无条件地再延期驻守一年。

殊不知驻扎在桂林城区的士兵们归心似箭，他们早就掰着手指头计算着回乡的日子。一听还要无故延期一年，都炸开了锅，一个个火冒三丈，吵吵嚷嚷地要去评理。一心盼着回乡的士兵们，在基层军官许佶等九人的率领下，一窝蜂似的拥到统军将领王仲甫府上，大家你一句我一句地指着王仲甫评理，强烈要求按期回乡。没想到王仲甫摆出一副官架子，根本不拿军士们的要求当回事儿。

许佶等人气得暴跳如雷，一拥而上，同王仲甫及其亲兵大打出手。末了，在雨点般的拳头下，愣是把王仲甫给打死了。许佶等人一看闯下了大祸，索性一不做二不休，干脆推举他们最为信服的粮料判官庞勋为首领，企盼在他的带领下打回老家去。就这样，庞勋带领着他的徐州弟兄们，从桂林一路北上，沿途攻州夺县，以此不断取得粮草军需，有了这些物资做保障，他们开始踏上了起义之路。

沿途的贫苦百姓看到军队起义，感到一阵惊喜，觉得苦日子总算快熬到头了，于是纷纷揭竿而起，因此队伍不断发展壮大。当打到徐州老家时，已经拥有了一支数万人的起义大军。

朝廷接到桂林兵变的消息，急忙派遣徐州观察使崔彦曾，率兵对庞勋叛军进行围剿，不料却被庞勋打得大败，崔彦曾也死在战场上。庞勋的军队士气大增，很快控制了以徐州为中心的淮河流域。

朝廷只得再派名将康承训为主帅，进行三方合围，企图全歼庞勋兵于徐州城下。不久，康承训接到两路兵败报告，不敢与庞勋正面交锋，转而利用庞勋等人回乡心切的起兵缘由，开始对庞勋展开了一连串的诱降活动。

庞勋等人对朝廷还时常抱有幻想，内心深处希望朝廷招抚后

二八○

能够解甲归田，过上真正安稳的日子。于是一边起义一边又期待皇上招安。由于这种矛盾心理，结果遇事踌躇不决，搞得军心涣散，从而错失良机，很快由主动变为被动，使得战局急转直下。

不久，庞勋在连连失利的情况下，率残兵逃往蕲州，途中被康承训的伏兵一路追击赶杀，最终战败身亡。

庞勋率领的桂林军起义虽然失败了，但各地人民此起彼伏的起义风暴，就像熊熊烈火，燃遍大江南北。其中以黄巢、王仙芝等人的兵势最为猛烈。经过数年大大小小的战斗，终将千疮百孔的唐王朝拖到了毁灭的边缘。宋代著名史学家宋祁在总结唐亡的起因时，有一句中肯的评价："唐亡于黄巢而祸始于桂林！"

由于藩镇割据的长期存在，"后梁"并没有继承唐朝的全部国土，只是占据了晚唐控制下的黄河中下游区域，大致为今河南、山东两省，以及陕西、湖北、安徽、江苏、河北、山西、宁夏各一部分地区。此后，中国开始进入了又一个分裂时期，史称"五代十国"。

出版后记

《故事里的中国历史》系列后五本由林力平先生创作完成。为保持系列图书通俗化的特有风格,林力平先生以历史为脉络,但又不拘泥于历史本身,进行了充满趣味性的再创作。

林力平先生不忘祖父重托,殚精竭虑坚持创作,其间因劳累两度入院。为配合出版工作,他分秒必争,竟带病审核文稿,其情其志感人至深。林力平先生的文风亦雅亦俗,浑然自成一家,为保持作品的"原汁原味",我们在编辑过程中秉持"尊重原貌"的原则,不做过多修改,以期为读者呈现作品最完整的风貌,希望能为读者带来不一样的阅读体验和收获。